日常に癒しと冒険を!

東京 カフェ＆バー 裏 案内

増山かおり 編集協力
「江戸楽」編集部 著

JN256592

メイツ出版

目次

Contents

目次 …… 2

TOKYO CAFE & BAR MAP …… 4

本書の見方・使い方 …… 8

増山かおりの

個性派カフェ＆バーの

歩き方、楽しみ方 …… 9

癒し・趣味・動物系カフェ&バー …… 13

mahika mano（吉祥寺） …… 14

ミシンカフェ＆ラウンジ nico（仙川） …… 16

PLANETARIUM Starry Cafe（羽田） …… 18

おひるねカフェ corne（神保町） …… 20

CANAL CAFE（飯田橋） …… 22

VOWZ BAR（四谷） …… 24

relax & healthy HOGUREST（御徒町） …… 26

THE BEACH55（豊洲） …… 28

ことりカフェ表参道（表参道） …… 30

桜丘カフェ（渋谷） …… 32

Ms.BUNNY（六本木） …… 34

ペンギンのいる BAR（池袋） …… 36

金魚坂（本郷） …… 38

ふくろうの里 原宿店（原宿） …… 40

鷹匠茶屋（吉祥寺） …… 42

私設図書館カフェ シャッツキステ（秋葉原） …… 44

猫居酒屋 赤茄子（江古田） …… 46

コラム・あったらいいな、
こんなカフェ＆バー　銀座編 …… 48

文化・学習・食系カフェ＆バー …… 49

CHEKCCORI（神保町） …… 50

森の図書室（渋谷） …… 52

名曲喫茶ライオン（渋谷） …… 54

ブックカフェ二十世紀（神保町） …… 56

INCUBATOR（四谷）……………………58

アール座読書館（高円寺）………………60

歌声喫茶　ともしび（新宿）……………62

らくごカフェ（神保町）…………………64

英会話喫茶ミッキーハウス（高田馬場）
…………………………………………66

ゲンロンカフェ（五反田）………………68

農民カフェ（下北沢）……………………70

mr.kanso 神田店（神田）………………72

人形町駄菓子バー（人形町）……………74

100%ChocolateCafe.（京橋）………76

TERRA CAFE BAR（天王洲アイル）…78

プチ文壇バー 月に吠える（新宿）……80

バー銀座パノラマ 新宿店（新宿）……82

コラム・あったらいいな、
こんなカフェ＆バー　渋谷編……………84

体験型・マニア系
カフェ＆バー ……………………………85

なんとか BAR（高円寺）…………………86

GUNDAM Café 秋葉原店（秋葉原）
…………………………………………88

はんだづけカフェ（秋葉原）……………90

KING & QUEEN（新宿）…………………92

Thriller Night 六本木（六本木）………94

CAFE& 和酒「N3331」（神田）……96

空想カフェ（浅草）………………………98

FabCafe Tokyo（渋谷）……………100

漫画空間 高円寺店（高円寺）………102

LUIDA'S BAR ルイーダの酒場（六本木）
…………………………………………104

神々の森神社カフェ（高田馬場）……106

高円寺・尼僧バー（高円寺）…………108

執事喫茶 Swallowtail（池袋）………110

幕末カフェ & バー 誠酒屋（秋葉原）
…………………………………………112

ガングロカフェ（渋谷）………………114

ギャルカフェ 10sion（渋谷）………116

占いカフェ　漆（恵比寿）……………118

残心 ZANSHIN（池袋）……………120

Magic Bar 銀座 十二時 本店（銀座）
…………………………………………122

中目卓球ラウンジ（中目黒）…………124

索引……………………………………126

奥付……………………………………128

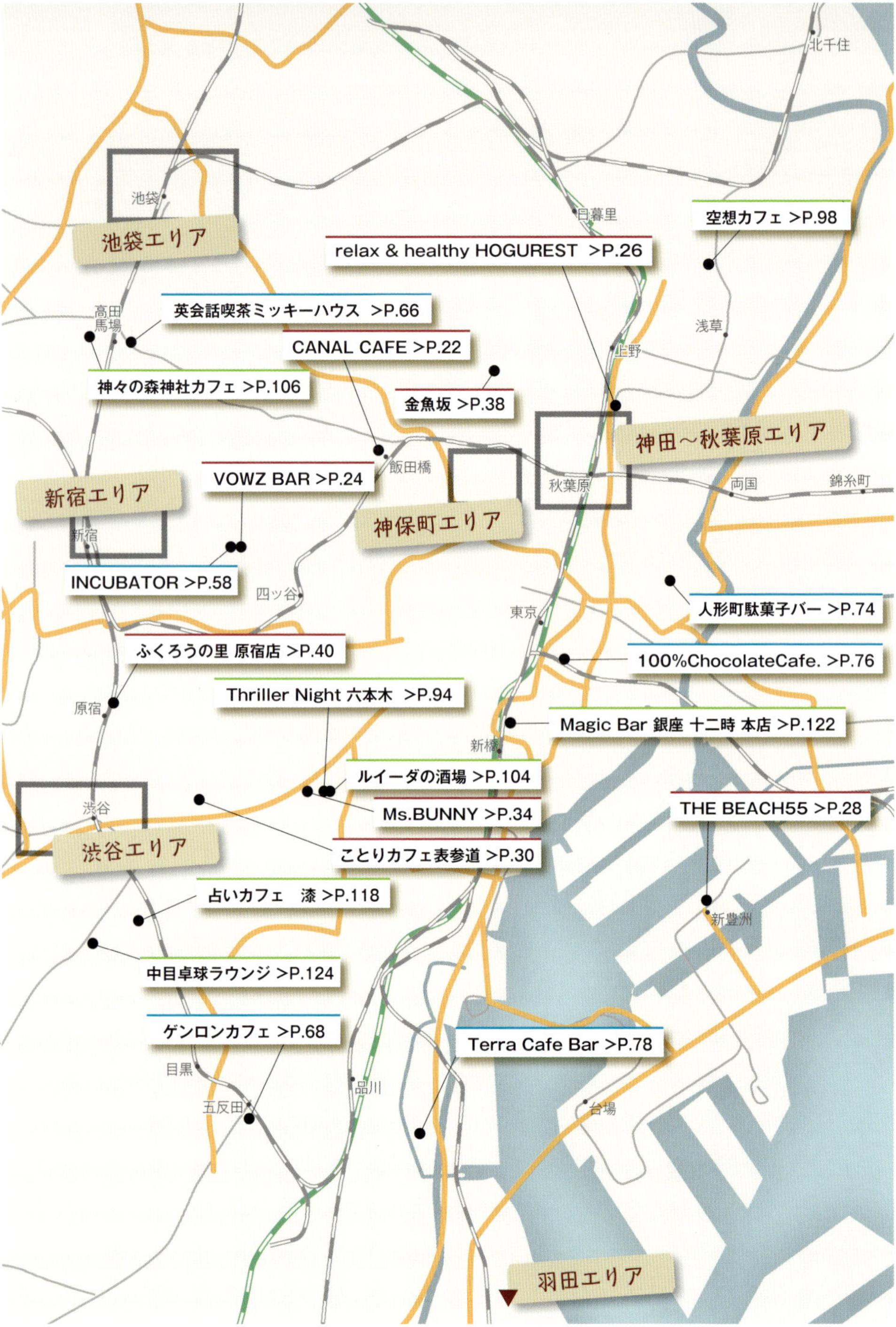
北千住
池袋
池袋エリア
日暮里
空想カフェ >P.98
relax & healthy HOGUREST >P.26
高田馬場
英会話喫茶ミッキーハウス >P.66
浅草
CANAL CAFE >P.22
上野
神々の森神社カフェ >P.106
金魚坂 >P.38
神田～秋葉原エリア
飯田橋
VOWZ BAR >P.24
新宿エリア
秋葉原
両国
錦糸町
神保町エリア
新宿
INCUBATOR >P.58
四ッ谷
東京
人形町駄菓子バー >P.74
ふくろうの里 原宿店 >P.40
100%ChocolateCafe. >P.76
Thriller Night 六本木 >P.94
原宿
Magic Bar 銀座 十二時 本店 >P.122
新橋
ルイーダの酒場 >P.104
THE BEACH55 >P.28
Ms.BUNNY >P.34
渋谷
渋谷エリア
ことりカフェ表参道 >P.30
占いカフェ 漆 >P.118
新豊洲
中目卓球ラウンジ >P.124
ゲンロンカフェ >P.68
Terra Cafe Bar >P.78
目黒
品川
五反田
台場
羽田エリア

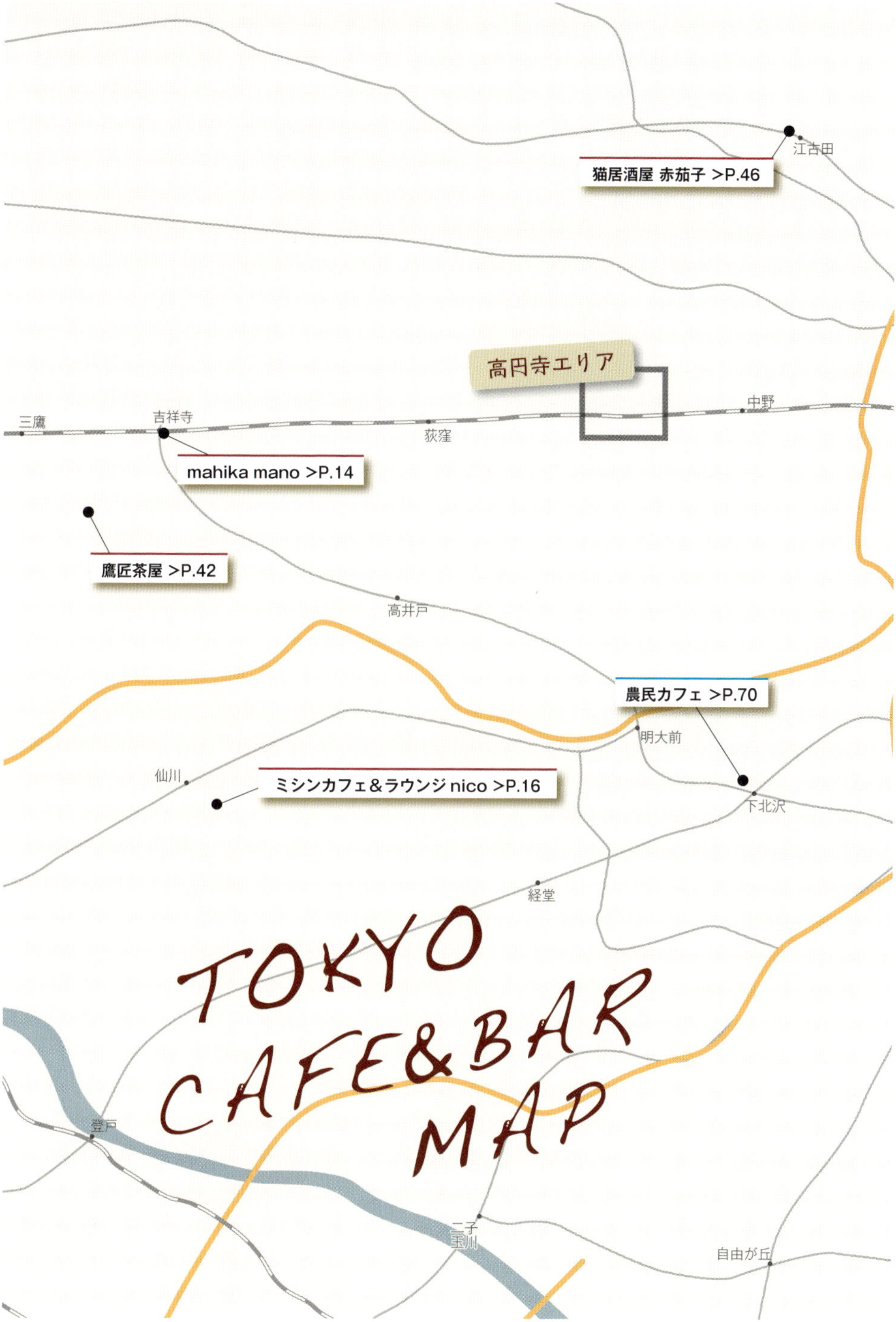
江古田
猫居酒屋 赤茄子 >P.46
高円寺エリア
中野
三鷹
吉祥寺
荻窪
mahika mano >P.14
鷹匠茶屋 >P.42
高井戸
農民カフェ >P.70
明大前
仙川
ミシンカフェ&ラウンジ nico >P.16
下北沢
経堂
TOKYO
CAFE&BAR
MAP
登戸
二子
玉川
自由が丘

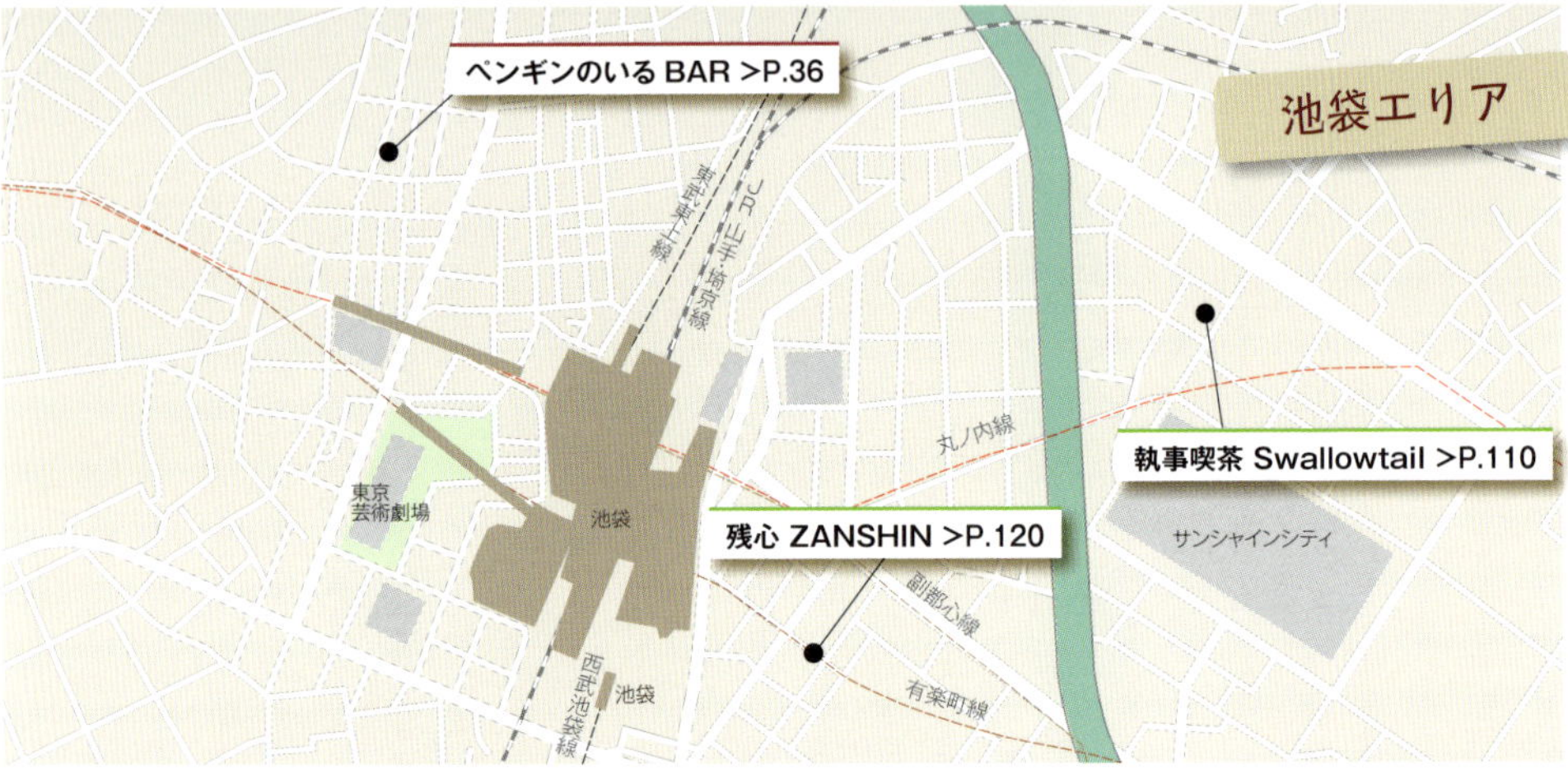
池袋エリア
ペンギンのいるBAR >P.36
東武東上線
JR山手・埼京線
丸ノ内線
執事喫茶 Swallowtail >P.110
東京芸術劇場
池袋
残心 ZANSHIN >P.120
サンシャインシティ
副都心線
西武池袋線
池袋
有楽町線

羽田エリア
整備場
東京モノレール
羽田空港
天空橋
京急空港線
羽田空港国際線ターミナル
PLANETARIUM Starry Cafe >P.18
多摩川
小島町緑地

新宿エリア
西武新宿
都営大江戸線
JR中央線
プチ文壇バー 月に吠える >P.80
歌声喫茶 ともしび >P.62
新宿西口
JR山手線
副都心線
KING & QUEEN >P.92
都営新宿線
新宿三丁目
新宿
丸ノ内線
バー銀座パノラマ 新宿店 >P.82

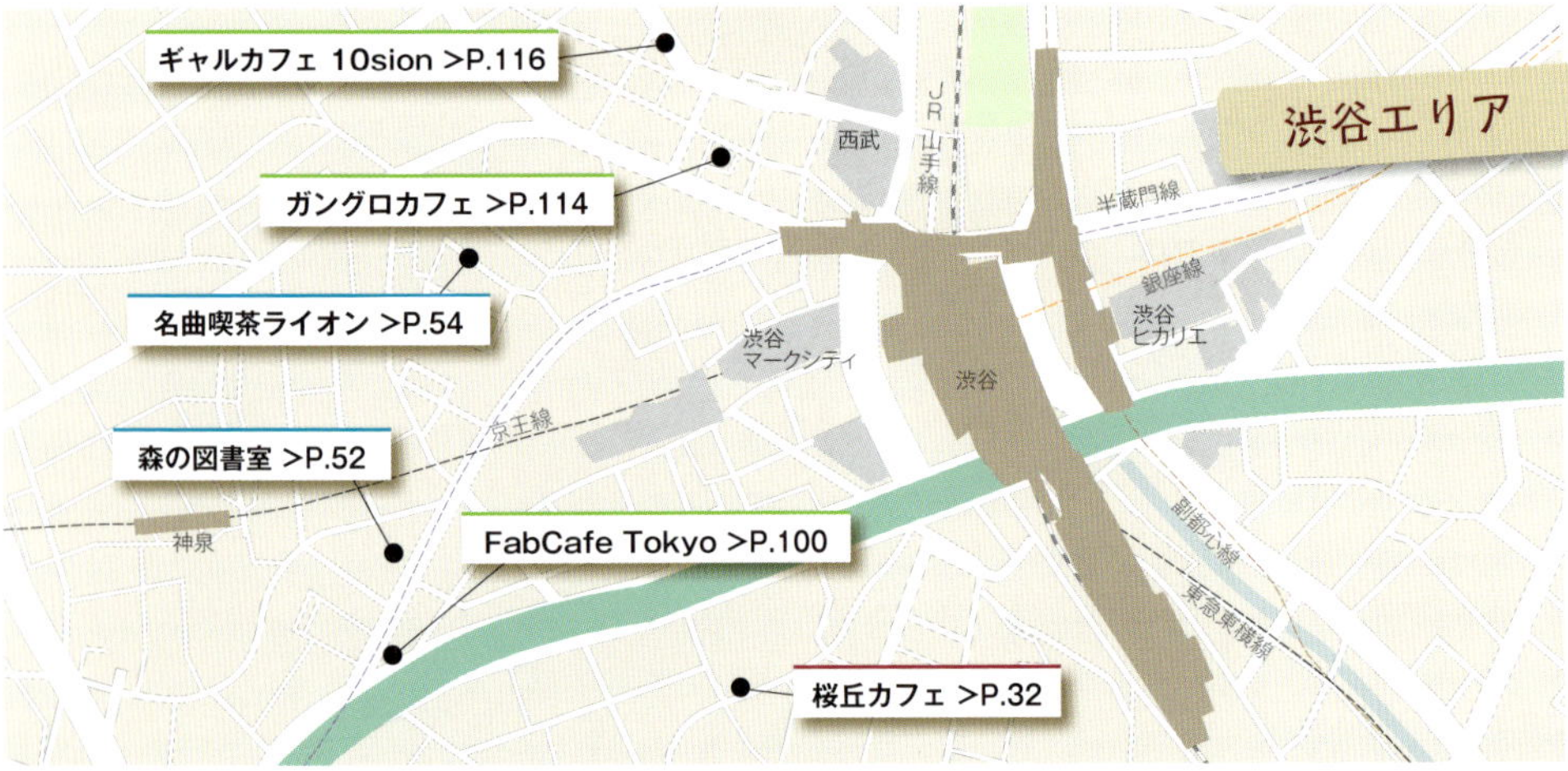
渋谷エリア
ギャルカフェ 10sion >P.116
西武
JR山手線
ガングロカフェ >P.114
半蔵門線
名曲喫茶ライオン >P.54
銀座線
渋谷ヒカリエ
渋谷マークシティ
渋谷
京王線
森の図書室 >P.52
神泉
FabCafe Tokyo >P.100
副都心線
東急東横線
桜丘カフェ >P.32

高円寺エリア
高円寺・尼僧バー >P.108
なんとか BAR >P.86
漫画空間 高円寺店 >P.102
JR 中央・総武線
高円寺
アール座読書館 >P.60

神保町エリア
おひるねカフェ corne >P.20
ブックカフェ二十世紀 >P.56
都営新宿線
神保町
都営三田線
半蔵門線
らくごカフェ >P.64
CHEKCCORI >P.50

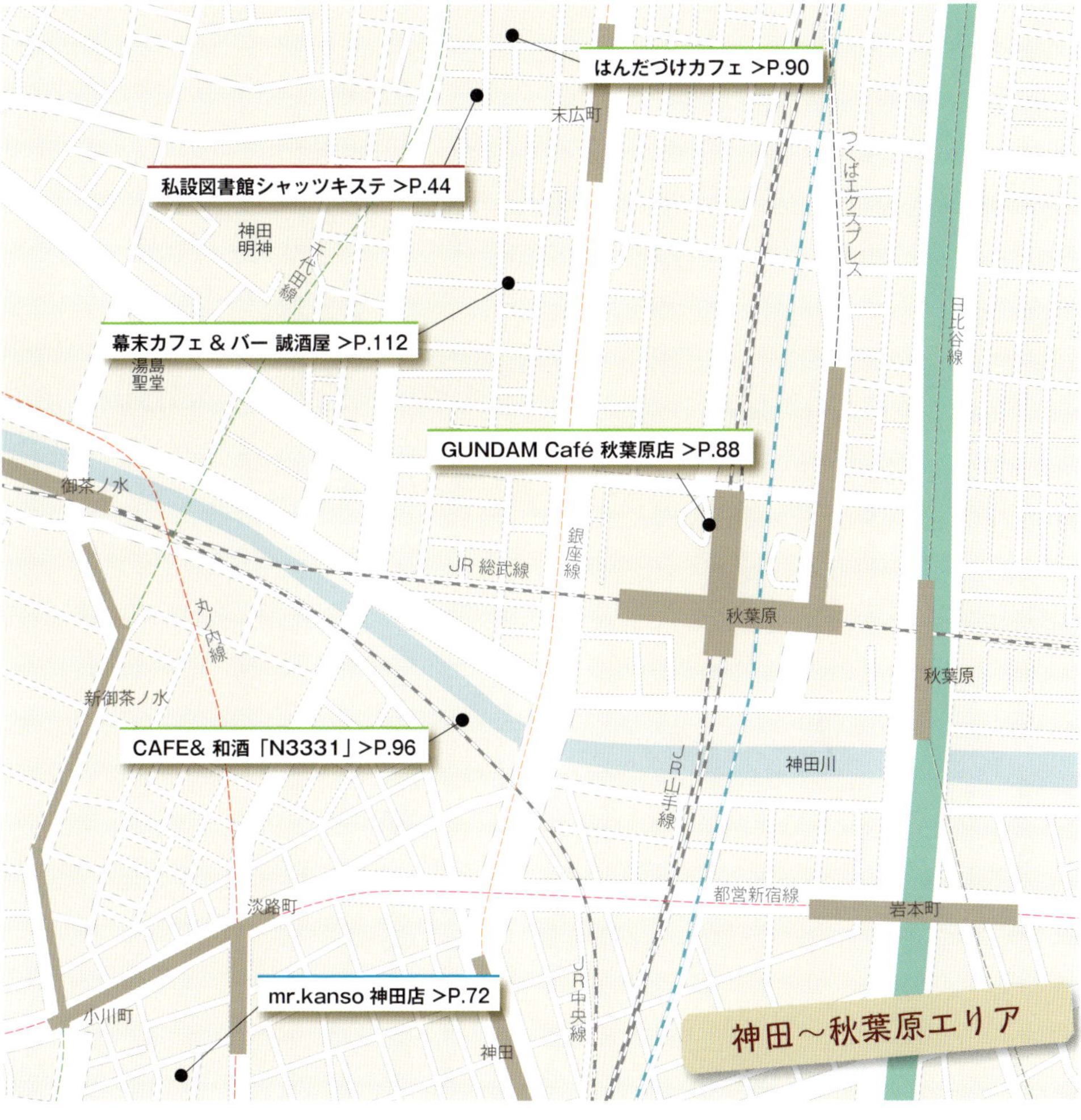
はんだづけカフェ >P.90
末広町
つくばエクスプレス
私設図書館シャッツキステ >P.44
神田明神
千代田線
幕末カフェ & バー 誠酒屋 >P.112
湯島聖堂
日比谷線
GUNDAM Café 秋葉原店 >P.88
御茶ノ水
銀座線
JR 総武線
秋葉原
丸ノ内線
秋葉原
新御茶ノ水
CAFE& 和酒「N3331」>P.96
神田川
JR山手線
都営新宿線
岩本町
淡路町
JR中央線
mr.kanso 神田店 >P.72
小川町
神田
神田～秋葉原エリア

How to use

本書の見方・使い方

1 **参考指標**

各店のジャンルの個性、体験度、
食事の充実度を星の数で紹介

2 **データ**

店舗で取り扱いがあるもの・施設

3 **インフォメーション**

住所・連絡先・交通アクセス・地図など、
そのスポットの基本情報を紹介

4 **メニュー紹介**

メニュー料金やおすすめ商品

5 **エリア**

お店がある地区

6 **Masuyama's Check!**

増山かおりのコメントや感想

※本書に掲載しているデータは2015年11月のものです。営業時間や休業日、メニューなどは変更される場合がありますので、お店にご確認ください。価格表示は、特に指定のない場合は、消費税抜きの価格です。

Message

増山かおりの 個性派カフェ＆バーの 歩き方、楽しみ方

趣味人が集まる寛ぎのカフェや、突出した世界観を演出するコンセプトバー。興味はあるけれど、ドアを開けるのに勇気が…。そんなあなたに、個性派カフェ＆バーに通い続けるライターの視点から、楽しみ方のコツをお伝えします！

PROFILE

1984年生まれ。フリーライター。『散歩の達人』にて『町中華探検隊がゆく！』連載。著書に『JR中央線あるある』。

PHOTO　大橋マサヒロ

サブカルへの憧れが個性派の飲食店でスパーク

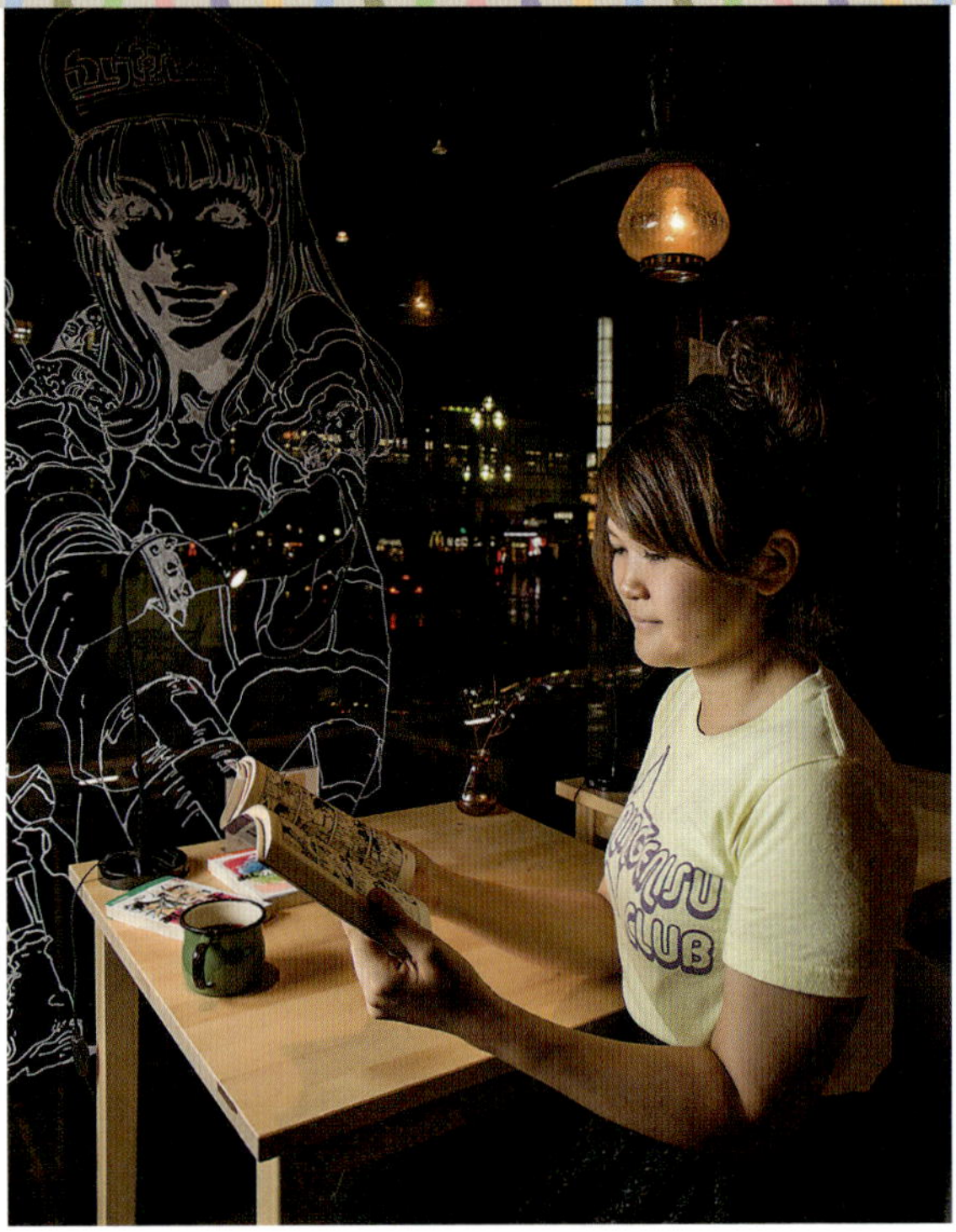

普段、中央線界隈で友人と飲んだり、沿線の変わったお店を紹介することが多いのですが、そのきっかけは中央線沿線の文化を紹介する雑誌でした。学生時代、みうらじゅんさん、東海林さだおさんなど、自分の敬愛する方々が行きつけのお店について語る記事をむさぼるように読むだけで幸せだったのですが、それだけでは飽き足らず、実際に足を運びました。体の底からどっぷりとサブカルに満たされる感じは、一度体験するともう抜け出せませんでした。サブカル系と呼ばれる酒場や、一見普通の飲食店なのに店主が強烈な店など、その内容はさまざまですが、そうしたお店に共通していたのは、普段の自分が住んでいるのとは違う世界に連れて行ってくれる、異空間であるということです。

「個性派のお店は異世界への扉を開いてくれる」

1杯のコーヒーが背中をそっと押してくれる

普段「漫画を描くって面白そうだな」という気持ちがあっても、「原稿用紙とペンを買ってみよう！」というところまでいくことはなかなかありません。でも、この本で紹介している「漫画空間」のようなお店に行けば、いつものコーヒーを飲みに行くときとほとんど変わらない気持ちで、漫画を描いたり、憧れの世界の人を目の当たりにできたりと、珍しい体験をすることができます。お酒やコーヒーという媒介があることによって、普段の自分なら触れることのない世界に足を踏み入れることができるのです。

お気に入りを見つけたら　その商店街を掘り下げて

個性派のお店を楽しむ際、ぜひオススメしたいのは、ひとつの街に絞って、商店街単位でお店に注目することです。商店街にはたいてい中心となっている店主やお店があるので、そういった店にたどりつくと、周辺の面白い店が芋づる式に出てくることがあります。

この本に登場する「なんとかBAR」も、そうしたお店のひとつです。母体となっている「素人の乱」というリサイクルショップでよく買い物をしていたのですが、オーナーが同じ通りに「なんとかBAR」という飲食店を開店したという話を聞き、さっそく行ってみると、出会った店員さんやお客さんが、独自のイベントを他で主催していることがわかりました。また、同じ商店街にある「コクテイル」という古本酒場に仕事を終えた商店街の店主たちが集まるという情報も得ることができました。ひとつの商店街に通い続けることで、お店を様々な角度から楽しめるようになったんです。面白い店のある商店街には、他にも同じ志を持ったお店が集まる傾向があるので、気に入ったお店の地域との関わりにもぜひ注目してみてください。

お店に通うこと自体が　個性的なお店を作る原動力

SNSなどによって、新規出店のお店や立地のよくないお店も魅力をアピールしやすくなった今、個性的なお店が進出するチャンスは昔よりずっと増えているはずです。つまり、自分好みの個性派カフェに出会える可能性もアップしているということ。そうした膨大なお店を巡るうちに、これは！と思うお店に出会えたら、ひとつのお店とより深く関わってみることをおすすめします。

今の時代は個性的なお店を見つけるチャンスに溢れている

「漫画空間 高円寺店」店長の深谷陽さんと

　私の場合、自分の好きな漫画家さんがトークショーや映画イベントをやっている喫茶店に通っているうちに、いつのまにか自分もイベントに参加したり、店長さんに「あのイベント、またやってください!」など、リクエストをするようになっていきました。お店によっては「今度新しくこういうメニューを出そうと思うんだけど、どう思いますか?」なんて話になることもありました。

　そうするうちに、お客さんであれ、主催者であれ、お店に関わる人々がその店を作り上げているのだなあという思いが、日増しに強くなりました。イベントに参加するのはちょっと気後れする、という場合でも、その店を訪れたり、コーヒーを注文する行為自体が、そのお店を作り上げる材料になっています。普段雑誌の仕事をしているので、いろいろなお店の方にお話を聞くのですが、「お客さんの要望に応えていくうちに、今の形になりました」というお話をお聞きすることがとても多いんです。お店に通っている自分も、そのお店を作り上げる要素になっている。そんな気持ちで、好きなお店に投票するつもりで、じっくり通ってみてください。今は飲食店を紹介する情報がたくさんあるので、ついあれもこれも行ってみたくなってしまいますが、10軒の個性的なお店に行くのと同じく、1軒の個性的なお店に10回通うことで、きっと楽しいことに出会えるはずです。個性派のお店を楽しみに行くことが、世の中にどんどん面白いお店があふれる原動力になると思っています!

撮影協力：漫画空間 高円寺店

癒し 趣味 動物系

CAFE & BAR

mahika mano

［まひかまの］

- [x] LUNCH
- [x] SWEETS
- [x] SOFT DRINK
- [x] ALCOHOL
- [x] FOOD
- [ ] TERRACE
- [x] GALLERY
- [ ] ZAKKA

癒やし度
★★★★☆

体験
★★★★☆

食事ができる
★★★★☆

ハンモックに揺られての〜んびり

スペイン語で「魔法の手」という意味の店名どおり、木を基調とした内装や手をかけた料理など、全てに手作りのこだわりと温もりが溢れているお店「マヒカマノ」。店内に入るとまず目に飛び込んでくるのがハンモック。ゆらゆら揺られながら読書に興じる人、友人同士でティータイムを楽しむ人、皆思い思いの時間を過ごしている。もちろんこのハンモックも職人の手作り。

ハンモックを気に入って、自宅に設置したいという人はスタッフに相談を。ハンモックブランド「ハンモック2000」のショールームも兼ねているので、素材や大きさなど豊富なラインナップから選ぶことができる。ゆらゆらふわふわ、一段上のリラックス感を味わってみて。

店内には大小のハンモックがたくさん。席が離れてしまうかもしれないので、少人数で訪れるのがおすすめ

店内には靴を脱いで上がるため、自宅にいるようにくつろげる。足を浮かせてもよし、普通のイスのように座っても楽しい

バナナチーズケーキ、リンゴとさつまいものノンオイルケーキなど、スイーツも充実（写真はタルトタタン 650 円、オリジナルブレンド 600 円）

MENU

- 4 種の豆カレー …… 900 円
- まっ茶とホワイトチョコのガトーショコラ …… 650 円
- ハニージンジャーミルク …… 700 円

カウンターにもハンモックが。イベントスペースとしても貸し出しているので、興味のある方はお問合せを

普段の生活では味わえない浮遊感がハンモックの魅力です。ぜひ実際に試してみてください。ゆらゆらした感覚に、きっとリラックスできますよ。

ハンモックが優しくあなたを包みます

かわいいラテアートにテンションもアップ

Information

- 住 東京都武蔵野市吉祥寺南町 2-8-1 サンパレス 1F
- ☎ 0422-42-5930
- 営 12:00 ～ 22:00(21:00 LO) [日]12:00～20:00(19:00 LO)
- 休 不定休
- 席 27 席
- 煙 全席禁煙
- 交 JR・京王線吉祥寺駅より徒歩 4 分

http://mahikamano.com/

※お子様のカフェのご利用はご遠慮いただいております

Masuyama's Check!

揺られながら読書をすると、読み慣れた本も違ったものに思えます。あえて難しい本を携えて訪れたい！

海外で腕を振るっていたシェフの作る料理も人気。こちらはオカラのヘルシータコライス（900 円）

ミシンカフェ＆ラウンジ nico

［みしんかふぇあんどらうんじにこ］

- [x] LUNCH
- [ ] SWEETS
- [x] SOFT DRINK
- [x] ALCOHOL
- [x] FOOD
- [ ] TERRACE
- [x] GALLERY
- [ ] ZAKKA

癒やし度
★★★★★

体験
★★★★★

食事ができる
★★★★★

ミシン＋カフェ 手芸好きの夢の空間

「洋裁をしながら、ご飯も食べられるお店があったら一日中洋裁ができるのに……」。そんなオーナーの思いが実現したのが「ミシンカフェnico」だ。洋裁好きの母、中嶌君子さんが作る手作りの洋服に囲まれて育ち、手芸が大好きになった中嶌有希さんが2011年にオープンした。店内にはミシンが並ぶスペースと、カフェスペースを併設。朝からミシン作業をして、お昼を食べて、またミシン、15時にはお茶を飲んで、再びミシンに取りかかるというような、手芸好きにとって夢のような時間を過ごすことができる。日によっては、午前中に洋裁教室を開催しているので、初心者でも安心。ミシンの音を聞きながら、穏やかなティータイムを過ごしてみるのも良いだろう。

自宅ではなかなか揃えられないミシンも、使い方を教えてもらいながらできる

既製品のような手作り品！

店内にはオリジナルデザインの洋服も飾られている。デザイン性の高さと体に沿う着やすさで喜ばれている

レトロな雰囲気のカフェスペース。ミシン利用の人はカフェメニュー50円引きも嬉しい！

MENU

- ミシンスペース利用　600円～/1時間
  ※アイロンとアタッチングマシーン使用料を含む
- マカロニグラタン（自家製ピクルス付き）……800円
- サッポロビール（瓶）（自家製ピクルス付き）……700円

アドバイスもしています

料理作りも片付けもせずに、一日手芸に没頭できる空間を作りたいと思うこと10年。友人の協力もあり夢が実現しました。ぜひ、もの作りに浸りに来てください。

Information

住 東京都世田谷区上祖師谷
7-19-16
荒井第一マンション103
☎ 03-6279-6987
営 10:00～18:00
（木～20:00、日・祝～17:00）
休 月曜日
席 8席
煙 全席禁煙
交 京王線仙川駅より徒歩8分
http://nico2525.exblog.jp

上／人気店「シャンティカレー」のルウを使用した「ハーブ＆ココナッツカレー（ライス付き）」（800円）は一番人気。　下／毎回注文する人もいるというクリームソーダ（500円）

おしゃれなデザインと使いやすさにこだわったオリジナルバッグの製作も人気

© TIAT

癒やし度
★★★★★

体験
★★★★☆

食事ができる
★★★★☆

PLANETARIUM Starry Cafe

［ぷらねたりうむすたーりーかふぇ］

☑ LUNCH ☑ SWEETS ☑ SOFT DRINK ☑ ALCOHOL
☑ FOOD ☐ TERRACE ☐ GALLERY ☐ ZAKKA

羽田で「星空」を見上げれば気分もすっきり

飛行機の離着陸を見に羽田空港まで足を延ばすという人は多いだろう。だが実は羽田空港にプラネタリウムを楽しめるカフェがあるのをご存じだろうか。国際線旅客ターミナルにある「PLANETARIUM Starry Cafe」は、羽田にしかないオンリーワンの空間を目指しオープンした。飛行機が就航している都市の星空や日本の四季の星空など数多くのプログラムが上映されている。搭乗前の人だけでなく、夜はデートスポットとして、週末は子ども連れにも人気。一人でコーヒーやアルコールを片手に星空を見つめるのも良いだろう。吸い込まれるような美しい星空。気軽にプラネタリウム体験ができる羽田の癒やしスポットだ。

プラネタリウムの上映はスターリーカフェタイム（11：00～17：00）とスターリーバータイム（17：30～23：00）

© TIAT

羽 田

羽田空港国際線ターミナルのキャラクター「スターリー」が店頭でお客様をお出迎えしてくれる

フードも充実しているので、星空を眺めながらの食事も楽しめる。「海老とアボガドのバジルソース」（790 円・税込）

オリジナルカクテルも豊富。手前の「スターリーベイビーブリーズ」は星空にぴったりのノンアルコールフルーツカクテル（700 円・税込）

© play set products/TIAT

Information

- 住 東京都大田区 羽田空港国際線ターミナル 5F
- ☎ 03-6428-0694
- 営 7:00 ～ 23:00
- 休 無休
- 席 50 席
- 煙 全席禁煙
- 交 京急羽田空港国際線ターミナル駅、東京モノレール羽田空港国際線ビル駅直結

http://www.haneda-airport.jp/inter/premises/tenant/5200100050750000/

スターリーカフェ　オリジナルスイーツ「スターリーチュロスサンデー」（500 円・税込）

4,000 万個の星々が、季節毎の星空をプラネタリウムに映し出します。ジャジーな音楽とともに楽しむプログラムもありますので、ゆっくりと大人の時間を過ごしてください。

MENU

・入場料 ※別途ワンドリンク制

大人（中学生以上）	520 円
子供（2 歳以上）	310 円

おひるねカフェ corne

［おひるねかふぇころね］

☑ LUNCH　☑ SWEETS　☑ SOFT DRINK　☐ ALCOHOL
☑ FOOD　☐ TERRACE　☐ GALLERY　☑ ZAKKA

癒やし度
★★★★★

体験
★☆☆☆☆

食事ができる
★★★☆☆

睡眠と食事でリフレッシュ 女性専用のお昼寝カフェ

「働く女性を応援したい！」との思いからオープンしたお昼寝カフェ「corne」。仕事、家事、育児、介護などにより日本人の女性の睡眠時間は国際比較においても短いという。また、男性の目が気になり、なかなか昼寝ができないというのも現状。そんな女性たちに、10分だけでも、足を伸ばして昼寝する場所をと始まった女性専用のお昼寝カフェだ。今では、近隣に勤める女性や、営業で神保町を訪れた女性などが通う。少しだけでも睡眠を取ることで、リフレッシュして次の予定に取り組めたり、集中力がアップしたりとお昼寝の効果は抜群。施設使用料とランチのセットもあり、食事とお昼寝のセットで、午後も頑張ろう！という気持ちになれるカフェだ。

照明、寝具、BGM すべてがリラックスできる空間。快眠セラピストがプロデュースする睡眠用のアロマも心地よい

神保町

ヘアアイロンや人気のメイクアイテムも揃うメイクエリアがあり、寝癖や化粧直しも安心

MENU

- モーニングセット …… 400円
- ミントティ …… 200円
- 豆乳とショコラの
  フローズンドリンク …… 250円

上／マットレスは低反発と中反発、枕は19種類から好みのものを　下／40分の施設使用料とパスタ・スープのお得なランチセット（750円）が人気

都心で安心してお昼寝ができます

「本当に眠れるの!?」と半信半疑の方でも「知らぬ間に寝落ちしていて、とてもすっきりした」という方が多いです。ぜひ、上質なお昼寝をしにいらしてください。

Information

- 住 東京都千代田区神田神保町2-14 2F
- ☎ 03-6272-3970
- 営 11：00～18：00
- 休 土・日・祝
- 席 ベッド8台、カフェ9席
- 煙 全席禁煙
- 交 地下鉄神保町駅より徒歩2分

http://www.corne.jp

右／スーツでも大丈夫。シワを気にせず眠れるように、締め付けが少なく肌触りの良い寝間着を用意（レンタル100円）
左／カフェスペース。お昼寝の前後におすすめのドリンクで心地よい眠りを

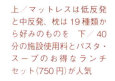

CANAL CAFE

［かなるかふぇ］

☑ LUNCH　☑ SWEETS　☑ SOFT DRINK　☑ ALCOHOL
☑ FOOD　☑ TERRACE　☐ GALLERY　☐ ZAKKA

癒やし度
★★★★☆

体験
★★★★★

食事ができる
★★★★★

都心に現れる豊かな水と緑 そこは水上の癒やし空間

１９１８年に東京で初めてのボート場として創業したのが始まり。以来、外濠の水辺空間は、都民の癒やしの場となっている。外濠の緑の陰に中央線や総武線が行き来する様子も見られるこのスポットは、子どもから大人まで楽しませてくれる。デッキサイドとレストランサイドがあり、軽めの食事とお酒、デザートとコーヒーなどを楽しみたい人は、外濠に向かって椅子が並ぶセルフサービスのデッキサイドへ。しっかりとした食事を味わいたい人はレストランサイドへ。どちらでも味わうことができる、ナポリから取り寄せた新窯で焼き上げるナポリ風ピザは絶品だ。外濠の風を感じながら、東京の風景を眺めていると、時間の経つのを忘れてしまう、そんな癒やしの空間だ。

門をくぐれば、そこは都心とは思えないような水と緑の空間が広がる

飯田橋

水辺のデッキサイド

水辺の心地よさを満喫できるデッキサイド。バーベキューも楽しめる（3月末～11月末・10名以上・要予約）

MENU

- レストランサイド　ブッフェランチ …… 1,600円～
- レストランサイド　ディナーコース …… 3,800円～
- デッキサイド　ビール …… 600円～

ピザ釜で焼き上げたマルゲリータ（1,800円）。オリジナルワインとともに（グラス600円）

オリジナルの「Tokyo SAKURA Tea」（600円）。桜の時季には、外濠の両サイドに咲き乱れる桜の風景が楽しめる

水辺空間で各々の楽しみ方を！

レストランサイドで食事をした後に、デッキサイドでお茶をされるお客様など、ゆっくりと寛いでいただいています。都心の水辺空間を楽しんでください。

Information

住 東京都新宿区神楽坂1-9
☎ 03-3260-8068
営 ［月～土］11：30～23：00
［日・祝］11：30～21：30
休 第1・3月曜
（祝日の場合は営業）
席 500席
煙 全席禁煙
交 JR・地下鉄飯田橋駅より徒歩1分
http://www.canalcafe.jp/

今でも多数のボートが停泊している。休日には子ども連れも多くボートを楽しんでいる（30分600円～）

癒やし度
★★★★☆

体験
★★★☆☆

食事ができる
★★★☆☆

VOWZ BAR

［ぼうずばー］

☐ LUNCH ☑ SWEETS ☑ SOFT DRINK ☑ ALCOHOL
☑ FOOD ☐ TERRACE ☑ GALLERY ☐ ZAKKA

堅苦しく考えずに、仏教の教えに触れてみて

普段なかなか身近に接する機会のないお坊さんと、精進料理をおつまみにお酒を飲む。そんな貴重な体験ができる場所がここ、「坊主バー」だ。カウンターに立つのは様々な宗派の僧侶たち。毎日、短い法要と法話が行われており、仏の教えを身近に感じられると仕事帰りのサラリーマンやOLに人気。

リクエストをすれば、お坊さんと一緒にテーブルで話したり、人生の悩み相談に乗ってもらうこともできる。自身も浄土真宗の僧侶である店長の藤岡善念さんは次のように話す。「近年は若い女性のお客様が増えてきました。仏の教えは人々の生活の中でこそ生きるもの。仏教を身近に感じ、少しでも心のよりどころとなれたら嬉しいですね」

昼間はお寺でお勤めをしている“現役”のお坊さんたちが迎えてくれる

坊主バーのおみくじで運試し。店内には結ばれたおみくじもいっぱい

店内の一角には仏壇も安置されている。お参りして煩悩を祓ってみては

心理カウンセラーや大学講師など、スタッフの経歴も様々

仏壇や曼荼羅など、お寺を感じさせる空間

Information

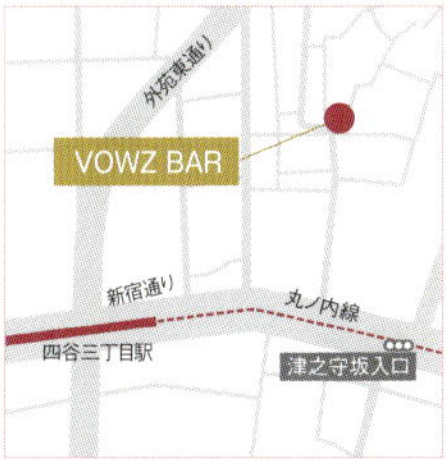

- 東京都新宿区荒木町 6 AG ビル 2F
- 03-3353-1032
- 19：00 ～翌 1：00
- 日曜・月曜・祝日
- 43 席
- 喫煙可
- 地下鉄四谷三丁目駅より徒歩 3 分

http://vowz-bar.com

「般若湯」「空海の道」「一遍」など、お酒にも仏教をイメージさせるものが

Masuyama's Check!

お経風のメニュー表が楽しくてたまりません。まずは仏教フレーズの散りばめられたカクテルを一杯。

MENU

・オリジナルカクテル「極楽浄土」	741 円
・オリジナルカクテル「愛欲地獄」	741 円
・生麩のごま油炒め	649 円

癒やし度
★★★★★
体験
★★★☆☆
食事ができる
★★☆☆☆

relax & healthy HOGUREST

［りらっくすあんどへるしー　ほぐれすと］

☑ LUNCH　☐ SWEETS　☑ SOFT DRINK　☑ ALCOHOL
☑ FOOD　☐ TERRACE　☑ GALLERY　☐ ZAKKA

足湯に浸かって疲れた身体をリフレッシュ

「頭《ず》寒《かん》足《そく》熱《ねつ》」という言葉にもあるように、頭を冷やし足を温めることが健康の基本だと昔から言われている。その教えを手軽に実践できるのが、足湯カフェ「ほぐれすと」だ。足湯で体を芯から温めリラックスすることは、自律神経のバランスを整えたり、冷え性改善などにも役立つのだという。中には「夜、ぐっすりと寝れるようになった」という人も。

また、さらにリラックスしたい方はボディケアやアロマオイルを使ったリンパマッサージがお勧め。身体が温まり全身の筋肉が軟らかくなった状態でマッサージを施すことで、より高い効果が得られる。デスクワークや家事で疲れた身体をリフレッシュして、また頑張ろうという気になれる、癒やしの時間を体感してほしい。

一人でも、カップルや友達とでも。思い思いの時間を楽しめる

御徒町

中央の岩山が目隠しになるので、一人の世界に没頭できる。のんびりと読書をする人も多い

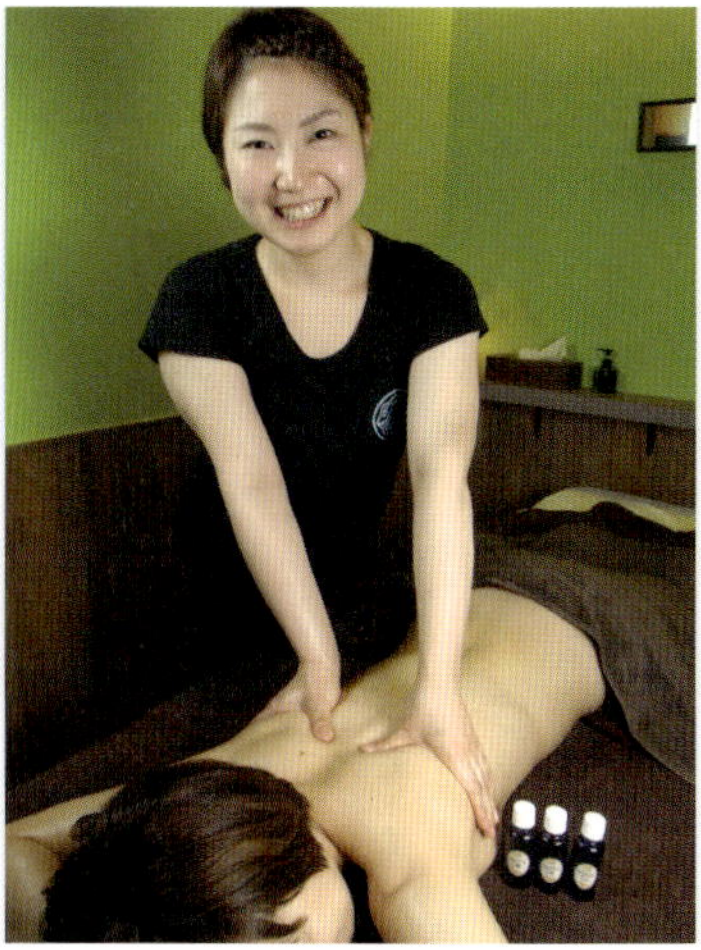

しっかりと研修を受けたスタッフによるリンパマッサージで、むくみやたるみもすっきり

体に優しいハーブティーの他、飲み物も充実している

お一人の方も多いので、気軽にどうぞ。

スマホやパソコンで、目や体が疲れている方も多いと思います。足湯にゆっくりと浸かって、癒やされに来てください。

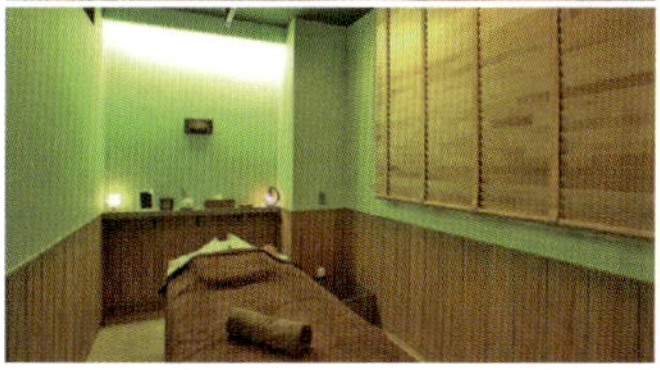

閲覧自由な雑誌や漫画本も用意されている。個室では極上のリフレッシュタイムを

Information

住 東京都台東区台東 4-8-5
T&T 御徒町ビル 3F
03-6803-2971
営 11：00～21：00
休 年末年始
席 18 席
煙 全席禁煙
交 地下鉄仲御徒町駅より徒歩 1 分、
JR 御徒町駅より徒歩 2 分
http://hogurest.com

MENU

・足湯 60 分	676 円
湯もみ 5 分付	1,176 円
湯もみ 10 分付	1,675 円

※その他 90 分コースもあり

THE BEACH55

［ざびーちごーごー］

☑ LUNCH ☑ SWEETS ☑ SOFT DRINK ☑ ALCOHOL
☑ FOOD ☑ TERRACE ☐ GALLERY ☐ ZAKKA

癒やし度
★★★★★

体験
★★★★☆

食事ができる
★★★★★

豊洲の空を見上げて白い砂浜でバカンスを！

「日常から抜け出して、バカンスに出かけたい！」そんな気分になることがあっても、なかなか時間がなくて海外のリゾートまでは出かけられない…。そんな時に、気軽にバカンスを満喫できる場所が豊洲にある。一歩足を踏み入れれば、そこには５５０トンの「白い砂」を敷き詰めた５５０坪の広大なビーチが広がる。「バカンスを連想していただける白い砂を敷き詰めたビーチを作りました。何もしない贅沢を満喫していただきたいですね」とスタッフ。ゆったりと寛げるソファ席など、東京を飛び出して南国に来ているように錯覚してしまいそう。ちょっと一息入れたい時、東京にいながら、バカンスを満喫できるスペシャルな空間だ。

青い東京の空と、白い砂浜に、白で統一された家具が気持ちよい。寝そべったりバーベキューをしたり、寛ぎ方はいろいろ

豊洲

55特製フレンチバーベキュー

葡萄の枝でスモークする「フレンチバーベキュー」。ほのかに葡萄の香りがする肉とスパークリングワインの相性は抜群

思いっきりビーチ気分を味わえるデッキスペース（上）とゆったり寛げるカフェスペース。その日の仲間や気分に合わせて

ビーチで楽しみたいスパークリングワインやビーチスタイルカクテルの種類も豊富

シャンパンやワインをじっくり味わうなら、カナッペや、本場ハワイの味を再現した「ガーリックシュリンプ」（1,300円）がおすすめ

Information

住 東京都江東区豊洲6-1-14
電 03-5859-5567
営 11:00～22:00
休 月曜日（祝日の場合は翌日）
※1/9～3/20は土日のみ営業
席 360席
煙 全席禁煙（喫煙スペースあり）
交 ゆりかもめ新豊洲駅より徒歩1分
http://thebeach55.com/

MENU

・3種串盛り合わせ	3,200円
・セルフカナッペ	1,100円
・フレッシュ・ジャア	950円

ことりカフェ表参道

［ことりかふぇおもてさんどう］

☐ LUNCH　☑ SWEETS　☑ SOFT DRINK　☐ ALCOHOL
☑ FOOD　☐ TERRACE　☐ GALLERY　☑ ZAKKA

癒やし度 ★★★★☆
体験 ★★★★☆
食事ができる ★★★★☆

小鳥と小鳥モチーフのスイーツに癒やされる

小鳥好きのオーナーが、「小鳥の癒やし効果とカフェを融合したお店が作りたい」とオープンした「ことりカフェ」。その名の通り、店内では、約25羽の小鳥が出迎えてくれる。小鳥と触れ合えるコーナーもあり、小鳥好きにはたまらないカフェだが、小鳥好き以外も目を奪われるのが、愛らしい鳥モチーフのスイーツだ。可愛いだけでなく、材料や味にもこだわり、「可愛くて美味しい！」とお客から人気を得ている。また、コーヒーにこだわり、ハワイの最高級コナコーヒーを日本のコーヒーフィルターに合わせて細かく挽き、一杯一杯ドリップしている。小鳥の愛らしさと、スイーツやコーヒーにも癒やされる、笑顔になること間違いなしのカフェだ。

小鳥と触れ合える「もふもふのお部屋」があり、オカメインコやタイハクオウムなどと触れ合うことができる（5分500円）

表参道

愛らしい姿にメロメロ

小鳥をモチーフにしたケーキはどれも可愛くて、食べるのがもったいないほど。ケーキ単品800円。ケーキ＆ドリンクセット1,500円

左／小鳥型のクッキーは北海道の人気菓子工房「ダオ」の小鳥カフェオリジナル　右／オリジナルのクッキー（720円）。プレゼントにも人気だ

店内では、鳥雑貨や鳥モチーフのスイーツを販売している。小鳥好きは時間の経つのを忘れてしまいそう

カフェスペースと鳥のいる部屋はガラスで仕切られているので、鳥と触れ合うのが苦手な人も安心。ガラス越しに眺めながらお茶をすることができる

僕たちともふもふして
癒やされてね

お客様が笑顔で「楽しかった！癒やされた！」と感じていただけるように、スタッフは丁寧な接客をモットーにしています。お一人でも気軽に来てくださいね。

Masuyama's Check!

席につくと「鳥さんと触れ合いますか？」と聞いてくれます。オウムの感触と声のかわいさに感激。

Information

住 東京都港区南青山6-3-7
☎ 03-6427-5115
営 11：00～19：00
休 第3月曜日
（祝日の場合は翌日）
席 28席
煙 全席禁煙
交 地下鉄表参道駅より
徒歩10分
http://kotoricafe.jp

MENU

- ことりのキッシュプレートセット（ドリンク付き）　1,700円
- オカメインコドーナッツセット（ドリンク付き）　1,200円
- かぼちゃのタルト　800円

桜丘カフェ

［さくらおかかふぇ］

- [x] LUNCH
- [x] SWEETS
- [x] SOFT DRINK
- [x] ALCOHOL
- [x] FOOD
- [x] TERRACE
- [ ] GALLERY
- [ ] ZAKKA

癒やし度
★★★★★

体験
★★★★★

食事ができる
★★★★★

渋谷の中心地にヤギ!?
愛らしい姿にほっこり

アーティストやクリエイティブ関係者もしばしば打ち合わせで利用する、渋谷の人気カフェ「桜丘カフェ」。人気の理由は、落ち着いた暗めの照明や、1㎝単位で計算された低めのテーブルや椅子の心地よさにある。

しかし、桜丘カフェの人気の理由はそれだけではない。渋谷駅にほど近いこの場所に、ヤギがいるのだ。テラスで出迎えてくれるヤギのさくらとショコラは、店を訪れる人々に癒やしを与えている。休日には、子ども連れも多く訪れ、ヤギの小屋のあるテラス席で食事をしたりお茶をしたり。食事の時間には干し草をあげたりすることもでき、予約制でお散歩をすることも可能だ。賑やかなまち渋谷で、ヤギと触れ合うことができる、ほっこりカフェだ。

こだわりのアンティークの椅子やテーブルが並ぶ。落ち着いた色調の店内は心地よく、ついつい長居してしまう

渋谷

昔は渋谷にもヤギがいたということから飼い始めた２頭。愛らしい姿が、仕事中の人々の心をほぐしてくれる

裏側からライトで照らされた浮世絵が幻想的な雰囲気を作り出している

二頭のヤギをイメージした、子どもにも人気のさくらサンデー（左）とショコラソフト（右）（各602円）

カフェの入口で
私たちが待ってるよ

桜並木の坂道を上った所に、桜丘カフェはあります。お店のテラスで皆さんをお待ちしています。月曜日と水曜日はお散歩時間も。私たちを連れて行ってね！

Information

東京都渋谷区桜丘町 23-3
篠田ビル 1F
03-5728-3242
［平日］8：30 ～翌 4：00
［土日祝］11：30 ～翌 4：00
（連休最終日～ 23：30）
不定休
65 席
全席喫煙
JR・地下鉄渋谷駅より徒歩４分
http://www.udagawacafe.com/sakuragaoka/

上／ランチで人気の「渋谷キーマカレー」（サラダ・ドリンク付き）926 円
下／オリジナルの「さくらガール」787 円

MENU

- ランチ（サラダ・ドリンク付き）……926 円
- 海の幸のパスタ……1,204 円
- ビール……602 円～

Ms.BUNNY

［みすばにー］

- [ ] LUNCH
- [ ] SWEETS
- [x] SOFT DRINK
- [ ] ALCOHOL
- [ ] FOOD
- [ ] TERRACE
- [ ] GALLERY
- [x] ZAKKA

癒やし度
★★★★★

体験
★★★★★

食事ができる
★★★★★

左／椅子に座ってうさぎさんを抱っこ。 上／セルフサービスのドリンクコーナー。飲食はアルコール以外持ち込み可能

Information

住 東京都港区六本木 6-7-2
岩堀ビル 3F
電 03-3404-1182
営 12：00 ～ 21：00
休 無休
席 12 席
煙 全席禁煙
交 地下鉄六本木より徒歩 1 分
http://ms-bunny.com/

店内には赤ちゃんうさぎが並んでいる。膝の上にのせて触れれば、気持ちよさそうな表情に癒やされる

六本木の癒やしスポット うさぎのモフモフ体験を

六本木駅から徒歩1分。都心のウサギ・ハリネズミ専門店「Ms. BUNNY」に併設されている「うさぎキモチカフェ」では、セルフサービスのドリンクを飲みながら、うさぎを膝にのせたり、抱っこしたり触れ合うことができる。愛らしい姿はもちろん、愛嬌のあるしぐさやモフモフとしたさわり心地に癒やされること間違いなし。うさぎさんのおやつ（300円）も販売しており、おやつを食べる姿にもくぎづけに。店内には常時、20匹ほどのうさぎと30匹ほどのハリネズミがいるので、好みの子を探してみて。もちろん気に入った子は購入することができる。仕事で忙しい人々の都心の癒やしスポットとして人気の「うさぎカフェ」。休日は混み合うため、ご予約を。

ハリネズミも様々なカラーがいる。触れ合って相性の良い子を見つけて

仕事の疲れも吹き飛びます

小さなうさぎさんやハリネズミさんに癒やされる空間となっています。うさぎさんたちのしぐさを見ていればストレスも解消！ ぜひ、会いに来てください。

MENU

・うさぎ＆ハリネズミカフェ利用料金
平日 30 分／ 850 円
土・日・祝日／ 1,000 円
・六本木うさんぽ体験
1 時間／ 3,000 円

ペンギンのいるBAR

[ぺんぎんのいるばー]

- [ ] LUNCH
- [x] SWEETS
- [x] SOFT DRINK
- [x] ALCOHOL
- [x] FOOD
- [x] TERRACE
- [ ] GALLERY
- [ ] ZAKKA

癒やし度
★★★★★

体験
★★★☆☆

食事ができる
★★★★★

水族館の人気者に出会えるバー

連日、カップルや女子会で人気を集めているのが、池袋にある「ペンギンのいるＢＡＲ」。ここはその名の通り、ペンギンと触れあえるバーなのだ。元々は、沖縄で「県内にペンギンを見られる場所がなかった沖縄の人たちにペンギンを見せたい」とオープンしたのがはじまりだそう。

店内のペンギンは全部で4羽。ペンギンたちを見るだけでなく、お客一人一人が直接魚をあげることもできる。控えめでおとなしい性格のペンギンから、食い意地の張ったペンギンまで、それぞれに個性があるのも面白い。愛くるしくもコミカルな仕草に癒やされ、美味しい料理に舌鼓を打つ。東京では唯一ペンギンのいるバーで、ここでしか味わえないひと時を過ごしてみては。

4羽が勢ぞろい。その可愛さに、日頃のストレスも癒やされるハズ

カップル

4羽の中にはつがいが一組。そのうち赤ちゃんが誕生するかも!?

店内奥には、ペンギンの泳ぐ水槽が

各種スピリッツやリキュールを取り揃えているので、本格的なバー使いも。こちらはペンギンをイメージしたフローズンカクテル

ペンギンだけじゃなく、料理の美味しさもこの店のウリ。濃厚なソースでいただくオマール海老はワインにぴったり

フレンチトーストにもペンギンが。可愛い!

Information

住 東京都豊島区池袋 2-38-2 COSMY1 1F
☎ 03-5927-1310
営 18:00～翌4:00
休 年始
席 60席
煙 喫煙可
交 JR池袋駅より徒歩8分
http://www.penginbar.jp/

結婚式の二次会や結婚記念日などのパーティーにも多く利用いただいております。雪の上をよちよちと歩き、水の中はスイスイ進む。そんなペンギンの姿に癒されに来てください。

とっても楽しいバーですよ!!

MENU

・オマール海老	1尾	2,980円
	半尾	1,800円
・シェフの気まぐれ焼き野菜プレート		1,000円
・白ワインで漬け込んだ地鶏の竜田揚げ		800円

金魚坂

[きんぎょざか]

☑ LUNCH　☑ SWEETS　☑ SOFT DRINK　☑ ALCOHOL
☑ FOOD　☐ TERRACE　☐ GALLERY　☐ ZAKKA

癒やし度
★★★★☆

体験
★☆☆☆☆

食事ができる
★★★★★

左／池だった場所を利用して建設したため、半地下になっている。隠れ家のようで落ち着く空間　上／店の外に泳ぐ金魚は愛らしく、眺めているだけでも癒やされる

Information

住 東京都文京区本郷 5-3-15
☎ 03-3815-7088
営 [平日] 11：30 ～ 21：30
(21：00 LO)
[土・日・祝] 11：30 ～ 20：00
(19：30 LO)
※入店は閉店時間の 1 時間前まで
休 月曜日・第3火曜日・年末年始
席 50 席
煙 分煙
交 地下鉄本郷三丁目駅より徒歩 4 分
http://www.kingyozaka.com/

高級シガーも味わえる

マネージャーがドリップを始めると店内にコーヒーの芳醇な香りが漂う

貴重なシガーも販売しており、カウンター席はシガーを楽しむ客の特等席

金魚にコーヒー、日本料理 体の芯から癒やす喫茶店

350年の歴史を持つ金魚屋が営業する「金魚坂」。店の外の池には、多数の金魚が泳いでいる。2000年、「金魚の魅力をもっと多くの人に知ってもらいたい」との思いから開業した。コーヒーは一杯一杯ドリップで落とし、料理は日本料理の板前の経験を持つマネージャーの巣山幸男さんが腕を振るう。マネージャーは店のこだわりを次のように語る。「一般的に、食事に付くコーヒーはいい加減。逆に喫茶店の料理はいい加減。それが嫌でした。なので、どちらもちゃんとしたものをお出しするようにしています。当たり前のことをしっかりできる店でありたいですね」

近隣のサラリーマンや東京大学の教授も訪れる金魚坂。仕事に疲れた体を、芯から癒やしてくれる喫茶店だ。

店の外には様々な種類の金魚が泳いでいる。もちろん購入も可能

MENU

- 金魚坂御膳 …1,677円（平日ランチ1,296円）
- ビーフ黒カレー …1,852円（平日ランチ1,574円）
- コーヒー …694円

Masuyama's Check!

夏だけでなく、秋冬の金魚売場もノスタルジックでオツですよ。坂の風景も上下から楽しんで！

外の金魚は自由に見学することができる。土・日・祝日には金魚すくいも開催

ふくろうの里 原宿店

［ふくろうのさと　はらじゅくてん］

癒やし度 ★★★★★

体験 ★★★★☆

食事ができる ☆☆☆☆☆

- [ ] LUNCH
- [ ] SWEETS
- [x] SOFT DRINK
- [x] ALCOHOL
- [ ] FOOD
- [ ] TERRACE
- [x] GALLERY
- [x] ZAKKA

ふくろうと触れ合えば自然と笑顔に！

「飼ってみたい」と思っても、なかなか簡単には飼育できないのがふくろう。そんなふくろうと触れ合う場所を提供したいとの思いからスタートしたのが「ふくろうの里」だ。ふくろうスペースとカフェスペースが完全に分かれているので、触れるのはちょっと怖いという人は、カフェスペースへ。動物園感覚で、ふくろうを眺めながらお茶をすることができる。触れ合いたいという人はふくろうスペースへ。人に慣れているので安心して触れ合うことができ、訓練が進んだふくろうは、腕に乗せて写真を撮ることも。ふくろうの生態に詳しいスタッフが対応してくれるため、マニアックな知識を得ることもできる。愛らしいふくろうと触れ合えば、日々のストレスも飛んでいく。

店内には大型が３羽、中型が２羽、小型が２羽の計７羽のふくろう。ユーラシアワシミミズクという世界最大のふくろうも

原宿

ふくろうを眺めて寛ぐ

カフェスペースの奥にふくろうスペースが。窓越しに眺めるだけでも癒やされる

驚くと細くなることで有名なアフリカオオコノハズクのスカラちゃん

種類や性格が異なるので、ふくろう同士の関係を見ているのも楽しい。美しい姿にもくぎづけに

アルコールも用意されているので、夜は「ふくろうバー」としても楽しめる

Information

- 東京都渋谷区神宮前 1-21-15 原宿 ATM ビル 4F
- 非公開(ふくろうが音に敏感なため)
- カフェ 11:00 ～ 17:00(入店受付)、バー 18:00 ～ 20:00(最終入店受付)
- 無休
- 12 席
- 全席禁煙
- JR 原宿駅より徒歩 1 分

http://owlvillage.jp

帰りには必ず笑顔になれます！

スタッフ一同愛情込めて飼育していますので、触れ合う際も危険なく、まったりとした幸せな時間を過ごしていただけます。可愛いふくろうに会いに来てください。

MENU

- カフェタイム店内利用（ワンドリンク・お土産付き） 1 時間／ 2,500 円
- バータイム(ワンドリンク・お土産付き) 1 時間／ 3,000 円
- フクロウ印のリンゴジュース 500 円

※ Twitter でフォローや、Facebook で「いいね」をしたり、チラシをお持ちいただいた方は 1,000 円割引あり

癒やし度
★★★★☆

体験
★★☆☆☆

食事ができる
★★★★☆

鷹匠茶屋

［たかじょうちゃや］

☐ LUNCH ☐ SWEETS ☑ SOFT DRINK ☑ ALCOHOL
☑ FOOD ☐ TERRACE ☑ GALLERY ☐ ZAKKA

鷹たちの一挙一動にドキドキ！

井の頭公園からほど近くの「鷹匠茶屋」は、日本でも珍しい、鷹や隼を間近に見られるカフェ。オーナーの佐々木薫さんが井の頭公園で鷹を飛ばしていると、次第に鷹愛好家の輪が広がっていき、それならば鷹好きの人たちが集まる場を作ろうと誕生した。

７割が女性客で、「癒される」「可愛い」との声も多いという。ただし、おとなしく見えても、鷹は猛禽類《もうきんるい》。不用意に手を伸ばしたりするのは危険なので、注意してほしい。

こちらでは鷹や隼の雛や、餌も販売している。お客が愛鷹《よう》を連れてくることも多く、時には10羽以上が集まることも。付き合い方や飼育法までレクチャーしてくれるので、興味のある人は相談をしてみては。

オオタカ、ハリスホーク、ラナーハヤブサ…。様々な種類の鷹と出会える

吉祥寺

端正なたたずまい

鋭いクチバシや爪、大きな羽が猛禽類の魅力。佐々木さんが雛から育てた鳥も多いそう

日本でも珍しい、鷹匠の資格を持っている佐々木さん

猛禽類の写真や絵などが飾られた店内。ゆっくりくつろぐことができる

鷹の飼育グッズも販売。専門誌は自由に閲覧できる

一度訪れれば、猛禽の魅力を分かっていただけるお店です。購入を考えている方には丁寧にアドバイスいたしますので、お気軽に相談ください。

自慢の珈琲も味わってみてください

Information

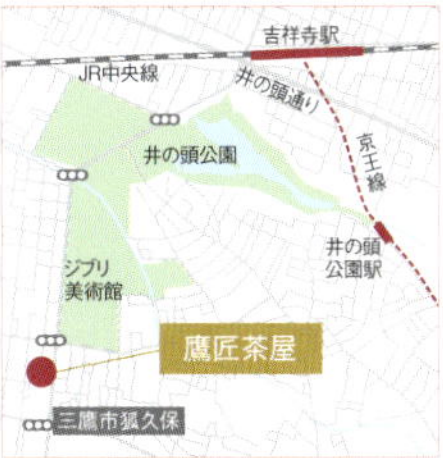

住 東京都三鷹市下連雀 1-11-8
☎ 0422-57-7762
営 12:00～19:00(18:30 LO)
※営業開始時間は季節により変更する場合あり
休 月・火曜日（祝日は営業）
席 15席
煙 喫煙可
交 吉祥寺駅より徒歩 20 分
http://falconerscafe.web.fc2.com

ショウガを多めに使った人気メニュー「イーグルジンジャー」。お子さんには、少し甘めの「ハリスカレー」もおすすめ

MENU

- ハリスカレー ……… 950円
- イーグルジンジャー ……… 950円
- シナモントースト ……… 750円

※全て税込価格

私設図書館カフェ シャッツキステ

［しせつとしょかんかふぇ　しゃっつきすて］

☑ LUNCH　☑ SWEETS　☑ SOFT DRINK　☐ ALCOHOL
☑ FOOD　☐ TERRACE　☐ GALLERY　☐ ZAKKA

癒やし度
★★★★★

体験
★★★★★

食事ができる
★★★★★

秋葉原の私設図書館で知的好奇心を広げる

「メイド喫茶」は世の中に溢れているが、ここは一線を画す。店内には、メイドが持ち寄った本や同人誌、ボードゲームを多数所蔵。希望があれば、メイドおすすめの本やボードゲームのルールを案内してくれる。休日や催し物の際は、館内が賑やかになるが、平日のお昼は、本を読んだりパソコン作業をする人がいたりと、比較的のんびりした時間が流れている。メイドが中心となってボードゲームを楽しんだり、興味あるテーマをトークする〝部活動〟や、イラストレーターの展覧会など、メイドが企画したイベントを行うことも。「みんなが趣味を尊重し合い、知的好奇心の広がる場所にしたい。それをメイドがお手伝いできればと思っています」とスタッフは語る。

Wi-Fi 環境も整い、電源を利用できる席も。本を読んだり、パソコン作業したり、思い思いの時間を過ごすことができる

メイドお手製のお菓子

メイド手作りの菓子の中でもスコーンが人気。日によってフレーバーが変わるのも楽しみの一つ（300 円）

静かに過ごしたいときは、手前の「密談室」へ。館内の利用料金は 30 分 500 円。紅茶は飲み放題だ

MENU

- スープとハーブトーストのセット ……… 500 円
- クッキー ……… 300 円
- パンプリン ……… 300 円

日常を忘れて寛いで

メイドがいる小さな私設図書館カフェです。図書館ですがおしゃべりしたり、紅茶や料理を楽しんだり、日常を少し忘れて、ほっと一息ついていただければと思います。

Information

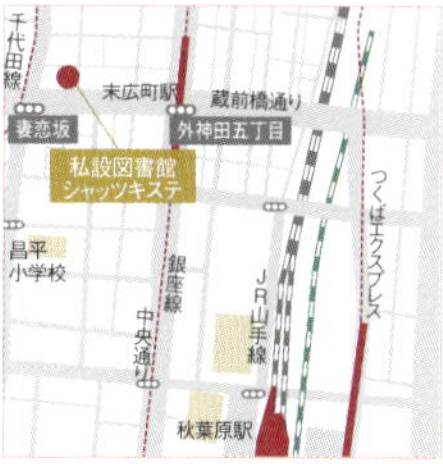

- 住 東京都千代田区外神田 6-5-11 長谷川ビル 1 F
- ☎ なし
- 営 12：00～22：00(21：30 LO)
- 休 第 1 火曜日
- 席 32 席
- 煙 全席禁煙
- 交 地下鉄末広町駅より徒歩 2 分、JR・地下鉄秋葉原駅より徒歩 10 分

http://schatz-kiste.net/

上／タイミングが合えば焼きたてのクッキーやスコーンが味わえる。お土産にも人気　左下／ハーブティーは 21 種類を用意。「リラックスできるものを」などイメージを伝えればブレンドもしてくれる（300 円）

猫居酒屋 赤茄子

［ねこいざかや　あかなす］

- [ ] LUNCH
- [ ] SWEETS
- [x] SOFT DRINK
- [x] ALCOHOL
- [x] FOOD
- [ ] TERRACE
- [ ] GALLERY
- [ ] ZAKKA

癒やし度 ★★★★★

体験 ★☆☆☆☆

食事ができる ★★★★★

家庭のような雰囲気 猫カフェならぬ猫居酒屋

「猫カフェ」は、今やターミナル駅周辺なら無いところは無いと言えるほどメジャーな存在。だが、こちらの店は猫がいてお酒を出す居酒屋であるということの他に、猫カフェとは違う決定的な何かがある。そう、それは、家庭的雰囲気。ビジネスとして猫を〝導入〟したのではなく、そのきっかけはごく自然体だ。オーナー曰く「5年前に脱サラして普通の居酒屋を開店したんですが、あまりにもお客さんが入らない。ここに独りで店番することが辛くて、『猫とテレビがあれば自宅みたいにくつろげるのに』と思っていました。そんな時、お客さんが子猫が産まれて困ってるからと持ってきたんです」。こうして、今や遠方からも通いつめるお客もいるという人気店に。

「いらっしゃ〜い」とお出迎えしてくれるマコちゃん（左）、チイちゃん（右）

ほっこり、癒しのひととき

猫好きのオーナー・小柳実さんが店を切り盛りする。「今、店で5匹、家でも1匹飼っています」

まずは名物「ニャポリタン」(700円)を注文しよう。猫の顔がキュート!

店内を自由に動き回る猫たち。みな大人しくて人懐こい

チイちゃんピザ(700円)、こちらにも猫の顔!

猫たちに優しくしてあげてくださいね

猫はかけがえのない存在。今飼っている猫たちが幸せに暮らすのを見届ける責任があるので、これ以上は飼わないつもり。猫好きの方はぜひお越しください。

Information

東京都練馬区旭丘 1-77-2
03-6915-3166
18:00～24:00(23:30 LO)
[金～日]～24:30(24:00 LO)
月曜日
27席
喫煙可
西武線江古田駅より徒歩2分
http://www.hotpepper.jp/strJ000957357/

まったりくつろぐチイちゃん

MENU

- ドリンク各種 …… 400円～
- おつまみ …… 400円～
- ピッツァ、ライス&パスタ …… 600円～
- 飲み放題50分 …… 960円～

※チャージ1時間300円。ドリンク1杯だけの注文の場合、2時間目よりチャージ600円

あったらいいな、

こんなカフェ＆バー

COLUMN

銀座編

街の人に聞いてみました。どんなカフェやバーがあったら行ってみたいですか？

01

動物の赤ちゃんカフェ

この前テレビで見た、ホワイトタイガーの赤ちゃんにメロメロ。本当にかわいいんです。すぐに大きくなるでしょうから、まさに「期間限定」の存在。そんな動物の赤ちゃんたちに会えるカフェがあったら行っちゃうかも！

30代女性　E.Kさん　主婦

02

もったいないカフェ

コンビニやスーパーなどで、まだ食べられるのに、賞味期限が切れたから捨てられる食品がたくさんありますよね。そういった食品を食べられるカフェはどうでしょう。無料または格安で提供にして、もし「おいしい！」と思ったら、購買につながるのではないでしょうか。

30 代女性　R.A さん　会社員

03

フラワーアレンジメントカフェ

趣味でフラワーアレンジメントをやっているので、フラワーアレンジメントをしながらゆっくりお茶も飲めるカフェがあったら嬉しいですね。

50 代女性　H.K さん　主婦

04

マッサージバー

立ち仕事で疲れてますからねー（笑）。マッサージしてもらって、お酒も飲めて、そんなバーがあったらまさにリフレッシュできるじゃないですか。

30 代男性　T.A さん　ショップ店員

東京 カフェ&バー 裏 案内

文化
学習
食
系

CAFE & BAR

CHEKCCORI

[ちぇっこり]

- [ ] LUNCH
- [x] SWEETS
- [x] SOFT DRINK
- [x] ALCOHOL
- [ ] FOOD
- [ ] TERRACE
- [x] GALLERY
- [x] ZAKKA

お勉強度 ★★★★★

体験 ★★★☆☆

食事ができる ★☆☆☆☆

左／韓国関連の書籍を日本語に翻訳出版する株式会社 CUON が運営しており、常駐するスタッフは韓国語でも対応可能。店内はスペース貸出も。毎週イベントも行われるので、HP を要チェック　上／今月の特集コーナー。どれにするか迷った時はこちらへ

Information

住 東京都千代田区
神田神保町 1-7-3
三光堂ビル 3F

☎ 03-5244-5425

営 12：00 ～ 20：00

休 日・月曜

席 30 席

煙 全席禁煙

交 地下鉄神保町駅より
徒歩 1 分

http://www.chekccori.tokyo

神保町

カフェで一服

韓国から取り寄せた太鼓の椅子

カフェだけでも利用可能。テーブルを囲めば韓国の話に花が咲くだろう

韓国関連の書籍は、チェッコリにおまかせ

２０１５年７月、「本の街」神田神保町にオープンしたこちらは、約３５００冊の韓国関連書籍の販売と共に、カフェスペースを併設した。韓国には、書店に寛げるスペースを併設したブックカフェが多くあるという。日本語翻訳書籍の他、韓国語の小説やエッセイ、絵本、児童書、漫画、実用書などの原書も販売している。韓流ドラマに登場した詩集を探し求めて訪れるコアな韓流ファンにも親身になって対応してくれる。

店名の「ＣＨＥＫＣＣＯＲＩ」とは、一冊の本を学び終えると先生に感謝し仲間と祝うパーティーの事。目当ての本が見つかったら、本を片手に韓国の伝統茶と伝統のお餅で一服。韓国の書籍の事ならぜひこちらで相談を。

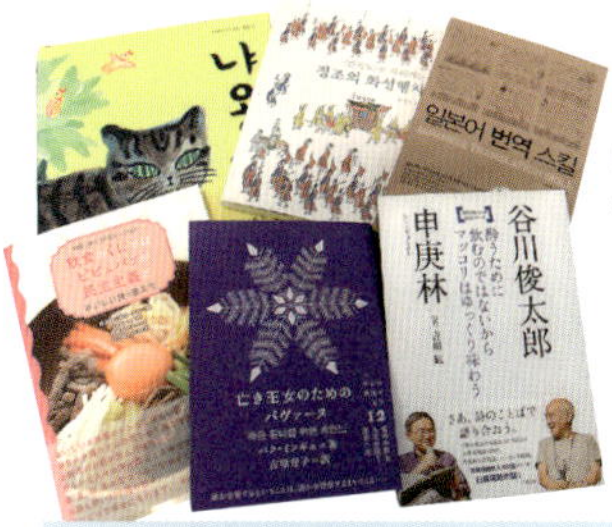

CUON 発行の書籍も多数並ぶ

左／料理研究家・趙善玉さん手作りのお餅「パッペギ」が食べられるのも嬉しい
下／韓国雑貨も取り揃えている

MENU

- 柚子茶　水晶菓　五味子茶 … ホット 556 円／コールド 602 円
- 韓国お餅 …… 463 円
- 醇米マッコリ …… 463 円
- ソフトドリンク …… 324 円

森の図書室

［もりのとしょしつ］

お勉強度
★★★★★

体験
★★★★★

食事ができる
★★★★☆

- [x] LUNCH
- [x] SWEETS
- [x] SOFT DRINK
- [x] ALCOHOL
- [x] FOOD
- [ ] TERRACE
- [ ] GALLERY
- [ ] ZAKKA

グラスを片手に読書に浸れる寛ぎの空間

多くの若者が往来する渋谷道玄坂。そこに面したビルの3階にある会員制のこちらには、酒好きの読書家が集う。ポップなBGMが流れる中、グラスを片手に何時間でも本が読めるとあってオープンから閉店まで滞在する人も。「お酒を飲みながら本が読みたかったんです」と語るのはオーナーの森俊介さん。森さんの私物だった5000冊の本は、現在では会員が持ち寄った本で1万冊ほどになったという。本好きのスタッフともきっと会話が盛り上がるだろう。貸し出しも行っているので、自宅で続きを読めるのも嬉しい。一人静かに読書するのもよし、カップルで本を選んだり、グループで読書談義に花を咲かせるのもよし。本好きにはたまらない場所である。

会員が寄贈した本。それぞれにメッセージや感想が書かれていているので、それを参考に選ぶのも楽しい

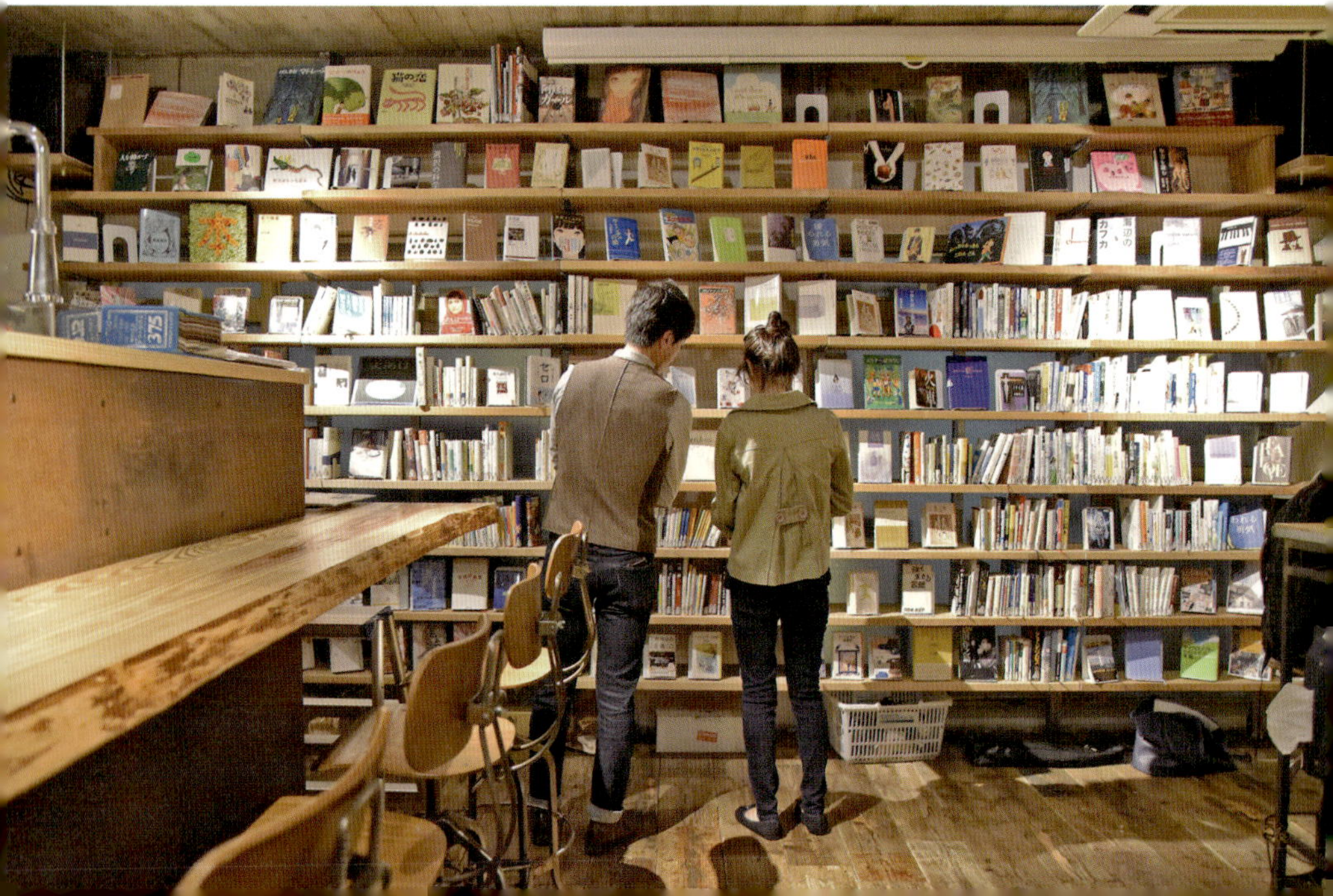

ジャンルを問わない1万冊の本の中からお気に入りを見つけよう

お酒と共に読書を

コースターには書籍の紹介と感想が

MENU

- パパの好きなキッシュ …… 600円
- ジャガイモブルーチーズ …… 600円
- サングリア …… 700円

2014年7月にオープン。木を基調とした店内は、椅子以外全てが特注。予約すればイベントや貸切も可能だ

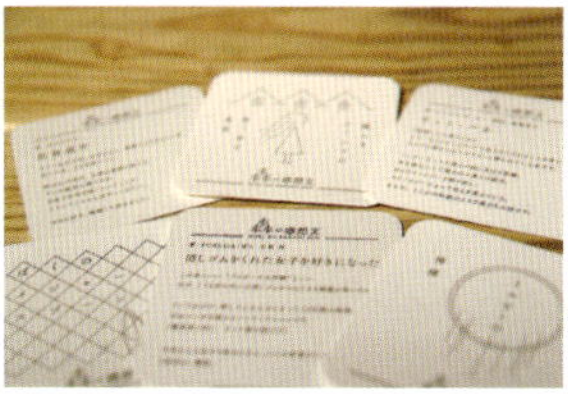

『西の魔女が死んだ』に登場する料理「パパの好きなキッシュ」。ベーコンときのこをベースに旬の野菜がたっぷり。もっちりとした食感の「ジャガイモブルーチーズ」はワインとの相性抜群

Information

住 東京都渋谷区円山町5-3
萩原ビル3F
☎ 03-6455-0629
営 13：00～17：00、
18：00～24：00頃
休 不定休
席 60席
煙 全席禁煙
交 JR・地下鉄渋谷駅より
徒歩7分
http://morinotosyoshitsu.com

名曲喫茶ライオン

[めいきょくきっさらいおん]

☐ LUNCH　☐ SWEETS　☑ SOFT DRINK　☐ ALCOHOL
☐ FOOD　☐ TERRACE　☐ GALLERY　☐ ZAKKA

お勉強度
★★★★☆

体験
★★★★★

食事ができる
☆☆☆☆☆

クラシックが流れる店内で、至福の一時を

1926年創業、道玄坂の路地裏にある大きなライオンの看板が目印。創業者の山寺弥之助は会津若松の造り酒屋に生まれ、北海道で資金を貯め、上京する。ロンドンの「ライオンベーカリー」というカフェで修業した従妹にコーヒーの淹れ方を教わり、喫茶店を始める。第二次世界大戦時には辺り一面焼け野原となったが、直ぐに再建し営業を再開したという。「弥之助は、手先が大変器用な人でした。店内の入り口のライオンの彫り物も彼の作品なんですよ」。そう語るのは義妹でオーナーの石原圭子さん。モダンな店内を見渡せば、創業者のこだわりが窺える。コーヒーを片手にスピーカーから流れる美しい音色に浸ると、時を忘れてしまいそうになる、隠れ家的喫茶店だ。

戦時中、憲兵にクラシックを止めるよう注意を受けたが「イタリアとドイツは同盟国」と主張し、流し続けたという

2階席

椅子はスピーカーに向かって配置され、音楽を存分に楽しむことができる。常連客の中には決まった席で終日滞在する人も

西洋建築を意識した造りは、隅々まで見学したい

MENU

- コーヒー ………… 550円
- 抹茶フロート ………… 720円
- ミルクエッグ ………… 720円

※全て税込価格

Information

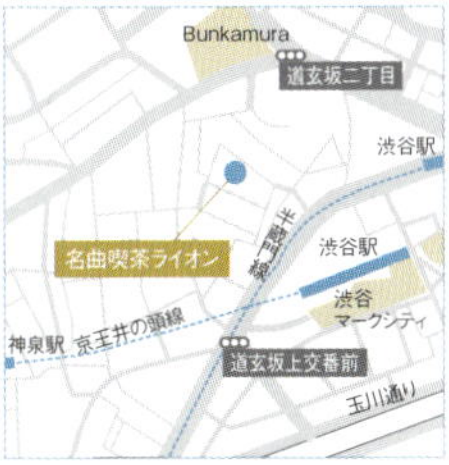

住 東京都渋谷区
道玄坂2-19-13
☎ 03-3461-6858
営 11:00～22:30(22:20 LO)
休 年中無休(正月･盆休みあり)
席 1階60席　2階55席
煙 分煙
交 JR・地下鉄渋谷駅より
徒歩8分
http://lion.main.jp/info/infomation.htm

創業者が作った定時コンサートのプログラム。コーヒーが70円と表示されている。コーヒーを味わいながら名曲を

たくさんのレコードとCD。指揮者によって曲の解釈が違うので、常に新しい物を揃えるという。リクエストにも応えてくれる

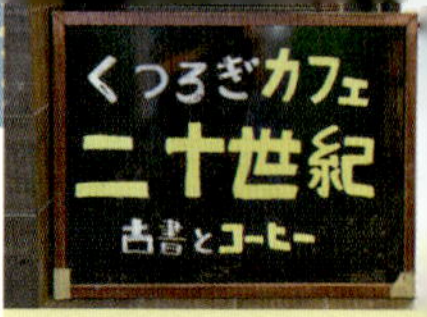

ブックカフェ二十世紀

[ぶっくかふぇにじゅっせいき]

- [x] LUNCH
- [x] SWEETS
- [x] SOFT DRINK
- [x] ALCOHOL
- [x] FOOD
- [ ] TERRACE
- [ ] GALLERY
- [ ] ZAKKA

お勉強度
★★★★★

体験
★★★☆☆

食事ができる
★★★☆☆

20世紀がキーワード。昭和を感じるブックカフェ

神田神保町の書店「@ワンダー」の2階にあるブックカフェ。「本を読みながら寛げるスペースを提供したい」と2015年3月にオープンした。SF、ミステリー、スポーツなど、およそ5000冊の本を中心に20世紀の記憶に残るようなパンフレットや映画関連グッズが並ぶ。昭和レトロを思わせる店内でこだわりのコーヒーを口にすれば、いつまでも長居してしまいそう。

　また、こちらのスペースでは、営業後にイベントも行われている。「本の町神保町で、人と人とがふれあえるような楽しい交流の場にしたい」と店長の鈴木宏さん。読書会、ライブ、芝居、趣味の会など様々なジャンルのイベントが開催されているので、ホームページで確認を。

お気に入りの本を探してゆっくり過ごせば、昭和の時代にタイムスリップしたかのよう

昭和レトロ

お酒を飲みながら本を読むこともできる

周りを気にせずのんびり過ごせる喫煙スペース

MENU

- カフェカレー(サラダ付) …… 556円
- カフェプレート …… 834円
- 二十世紀オリジナルブレンドコーヒー …… 260円

Information

住 東京都港区千代田区神田
神保町2-5-4 開拓社ビル1·2F
☎ 0120-154-727
営 [月～土]11:00～19:00
(日・祝～18:00)
休 年末年始
席 30席
煙 分煙(喫煙席5席)
交 地下鉄神保町駅より徒歩30秒
http://atwonder.blog111.fc2.com

居心地の良さに、中には終日過ごす人も

古書店街散策のお休みどころです。ゆっくりお過ごし下さい。

待ち合わせはブックカフェで

ハンドドリップストレートコーヒー(352円)は良質な豆を厳選

INCUBATOR

［いんきゅべーた］

☐ LUNCH ☑ SWEETS ☑ SOFT DRINK ☑ ALCOHOL
☑ FOOD ☐ TERRACE ☐ GALLERY ☐ ZAKKA

お勉強度
★★★★★

体験
★★★☆☆

食事ができる
★★★★☆

実験道具で乾杯
荒木町のサイエンスバー

細胞を培養する・育むという意味を持つ「ＩＮＣＵＢＡＴＯＲ」は、大学で医療系の研究者だったオーナーの野村卓史さんが２０１４年３月にオープンした。まず入店すると白衣を着用。グラスは研究用の純水を使用して洗浄されるビーカーや試験管。そこに注がれるワインや日本酒に、つまみはアルコールランプで炙る乾きものなど、まるで理科室で実験を行っているかのよう。「この場所で、違う分野の研究者同士がつながっていくといいですね。もちろん理系だけじゃなく、様々な分野の人たちが繋がり、いろんな意味で育まれる場になれば嬉しいです」と野村さん。月に１～３回行われるトークイベント「研究者Ｌｉｖｅ！」では一般の人でも分かり易く解説してくれる。

プロジェクターを使用して様々なトークイベントが行われる。先端の研究者と間近に交流できるのもここならでは

まるで研究室

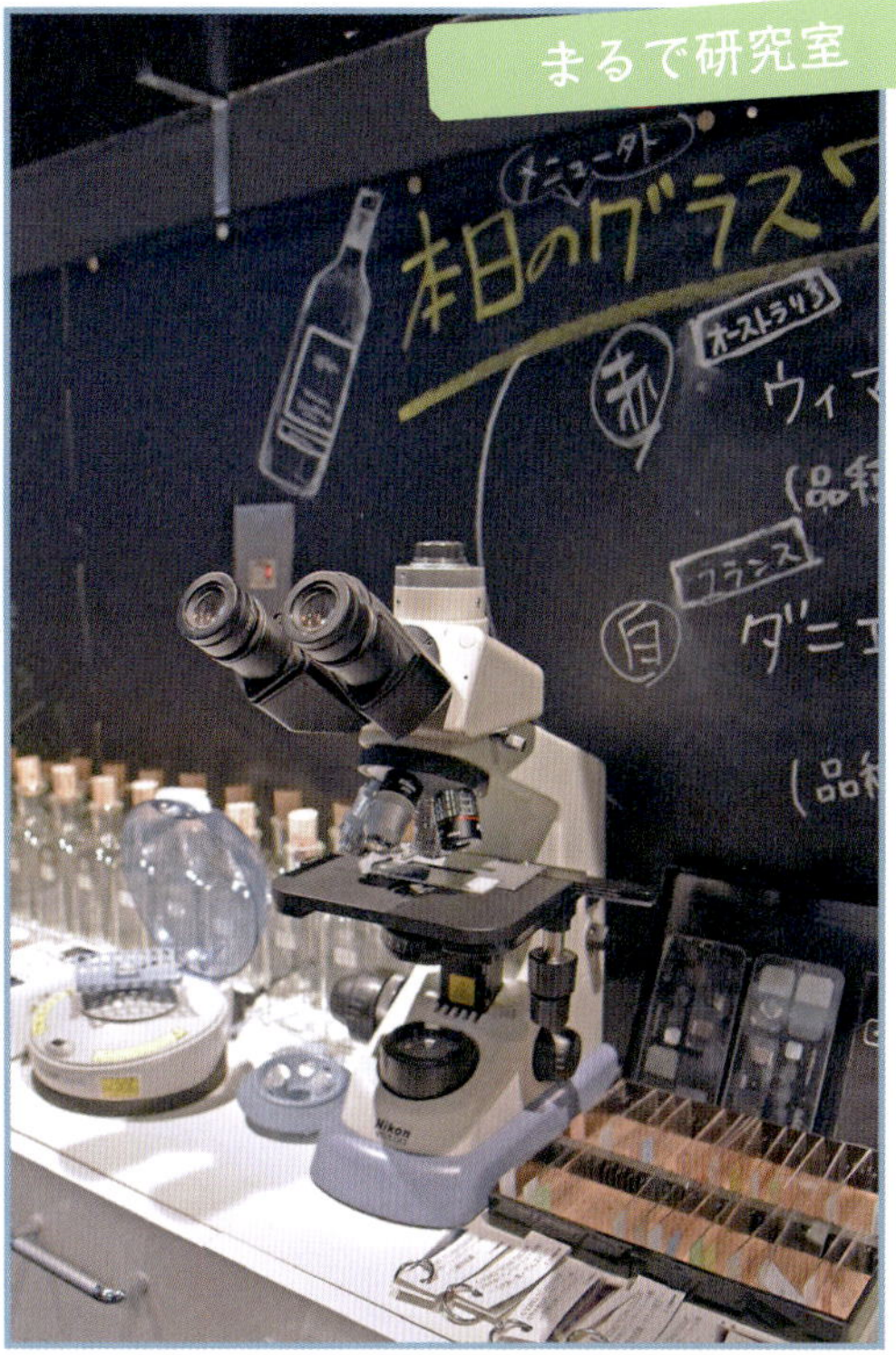

店内には様々な実験道具や、備品が揃う

白衣に着替えれば、研究者気分に

MENU

- 試験管ワイン飲み比べセット
  ……赤4種 or 白4種 1,000円
  ……赤白8種 1,800円
- アルコールランプ炙りセット
  ……1,200円
- 無水カレー ……750円

世界最速・最安の遺伝子検査サービス「遺伝子占い」も人気です。理科室で見た「懐かしい物」だけでなく高度な研究備品もあって触る事もできますよ。

理系の人も、そうでない人も

オーナーこだわりのワインや全国から取り寄せる生ガキもおすすめ

Masuyama's Check!

文系女子の質問に優しく答えてくれるお店。苺のDNAがフワフワ浮かぶ「DNAカクテル」はマスト！

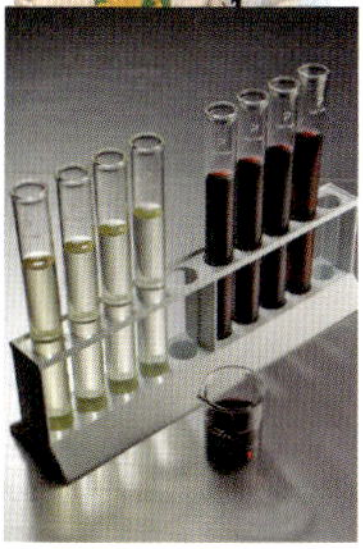

試験管に入ったワインを飲み比べよう。イベント情報はフェイスブックでチェック！

Information

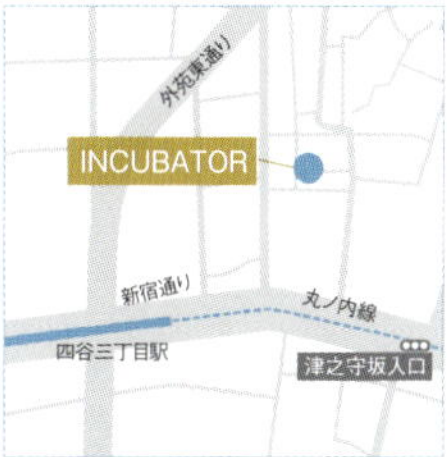

住 東京都新宿区荒木町7 新駒ビル1F
☎ 03-5925-8832
営 18：00～翌2：00
休 日曜・祝日
席 17席
煙 全席禁煙
交 地下鉄四谷三丁目駅より徒歩3分
https://www.facebook.com/incubator.sc/

アール座読書館

[あーるざどくしょかん]

- [ ] LUNCH
- [x] SWEETS
- [x] SOFT DRINK
- [ ] ALCOHOL
- [ ] FOOD
- [ ] TERRACE
- [ ] GALLERY
- [ ] ZAKKA

お勉強度
★★★☆☆

体験
★★★☆☆

食事ができる
★☆☆☆☆

それぞれの机にはノートが置いてあり、来店者の寄せ書きがつづられている。「皆さん文章のレベルが高く、胸を打つ内容もたくさん。このノートを読むのを目的に来店される方もいるんですよ」と渡辺さん

Information

住 東京都杉並区
高円寺南 3-57-6　2F
☎ 03-3312-7941
営 13：30 ～ 22：30
（土・日・祝 12：00 ～）
休 月曜日（祝日の場合は翌日）
席 11 席
煙 全席禁煙
（喫煙コーナーあり）
交 JR 高円寺駅より徒歩 3 分
http://r-books.jugem.jp/

高円寺

静寂に包まれて

ファンタジー、小説、アート、図鑑などの本が並ぶ

窓からは柔らかな光が差し込み、淹れたてのコーヒーの香りが鼻をくすぐる

現実逃避できる森の中の読書カフェ

まるで絵本の中の森に迷い込んだような、幻想的な空間。ここでは「会話お断り」のため、聴こえてくるのはわずかな音量のＢＧＭと、チョロチョロと回流する水槽の水の音。植物の呼吸も聴こえてくるような気がする。

店主の渡辺太紀さんは「かつて仕事で忙殺されていた時、静寂の中に身を置く空間、時間が欲しかった。きっと同じような思いの人はいるはず」と思い、２００８年にこの店をオープンした。店内では読書する人、勉強する人、ボーっと過ごす人など様々だが、「勉強していても、一回はペンを置いて、ふっと静寂に浸ってみてください。現実を離れて頭を休めていただくことが、私の切なる願いです」

上／机の引き出しを開けると、ジオラマが　中／水槽で泳ぐ魚を眺めているだけでもいい　下／手紙セットを販売している。誰かに手紙を書いて、店内にあるポストに投函しよう

静けさを楽しんでください

何もしないことや、静寂なひとときというのは、人生の中でとても大切なことなんだと気づいていただけると思います。

Masuyama's Check!

店内の幻想的な雰囲気はまるで小説の一場面のよう。席によって違う、引き出しの中身も楽しいです。

MENU

- ブラジル・ブルボン（コーヒー）……650円
- オールド・アールグレイ（紅茶）……600円
- ブラウニー……200円

歌声喫茶　ともしび

［うたごえきっさ　ともしび］

- [ ] LUNCH
- [x] SWEETS
- [x] SOFT DRINK
- [x] ALCOHOL
- [x] FOOD
- [ ] TERRACE
- [ ] GALLERY
- [ ] ZAKKA

お勉強度
★★★☆☆

体験
★★★★★

食事ができる
★★★★★

昭和29年創業。学生たちの合唱から始まった歌声喫茶

戦後復興と共に日本経済が飛躍的に成長を遂げた１９６０年代。その頃、国民的ブームのように全国に歌声喫茶が広まった。当時、学生や青年たちがこぞって歌声喫茶に集まって、生演奏で合唱を愉しんでいたという。

80年代に入るとカラオケが普及し、娯楽が多様化。厳しい時代を迎えるが、「ともしび」は、新宿で歌声喫茶の灯りをともし続けてきた。「当時の学生たちが定年を迎え、２０００年頃から多くの方々が戻ってこられています。カラオケにはない良さもありますし、歌を唄うことで健康になるという声もいただきます」と店長の斉藤隆さん。活気が満ちあふれる店内には、力強い歌声が響き渡っている。

客席でも，前に出ても，好きなスタイルで参加しよう。「昼のうたごえ」ドリンク付き1,600円（税込）。夜はチャージ800円

歌集は緑（533曲）870円　赤（209曲）540円。100円で借りることも可能

司会者の進行で、リクエスト曲が次々と合唱される

グループや同窓会でも利用可能。親子三世代で訪れる人も

MENU

- 浪江やきそば …… 810円
- ゴーヤチャンプル …… 700円
- ハバネロウインナー …… 490円

初めての方でもお気軽にどうぞ。

オリジナルの歌集からリクエストをいただき、皆さんで歌います。少し古めのフォークソングから歌謡曲まで様々なジャンルをたくさん歌いますよ。

Information

住 東京都新宿区新宿 3-20-6 6F
☎ 03-3341-0915
営 [月・火] 17:00 ～ 22:30
[水～土] 16:30 ～ 22:30
[日・祝] 16:00 ～ 21:30
〈昼のうたごえ〉
[水～土] 13:30 ～ 15:50
休 元日
席 60席
煙 全席禁煙
交 JR新宿駅より徒歩5分
http://www.tomoshibi.co.jp/

昼も夜も賑やかな歌声が新宿の街に響き渡る

らくごカフェ

［らくごかふぇ］

お勉強度 ★★★☆☆

体験 ★★★★★

食事ができる ★☆☆☆☆

☐ LUNCH ☐ SWEETS ☑ SOFT DRINK ☑ ALCOHOL
☐ FOOD ☐ TERRACE ☐ GALLERY ☑ ZAKKA

昼間はカフェ、夜は演芸。落語ファンが集うカフェ

神田神保町で生まれ育った店主の青木伸広さんは、子どものころから落語が好きで、高校時代は落研に所属するほどの根っからの落語ファン。若手の落語家とも仲良くするうちに、気軽に落語が出来て、聞ける場所を提供したいとの想いで、２００８年にこちらをオープンした。高座や店内の内装は、実家が町工場を営んでいた事もあって、全てが手作り。女性一人でも気軽に通えるような温もりのある雰囲気だ。「一昔前まで、落語ファンと言うと変わり者のイメージがありましたが、今では女性も一人でいらっしゃいますよ」。年４００回以上行われる落語や演芸は、ＨＰから予約可能。落語ファンはもちろん、そうでない人も訪れてみて！

落語のイベントなどの情報も発信。若手の成長を楽しみに通うファンも。高座に上がるのは三遊亭天どんさん

あの人の手拭いも！

天井に敷き詰められた手拭いは、洒落が利いていて、一枚一枚を見るだけで楽しい

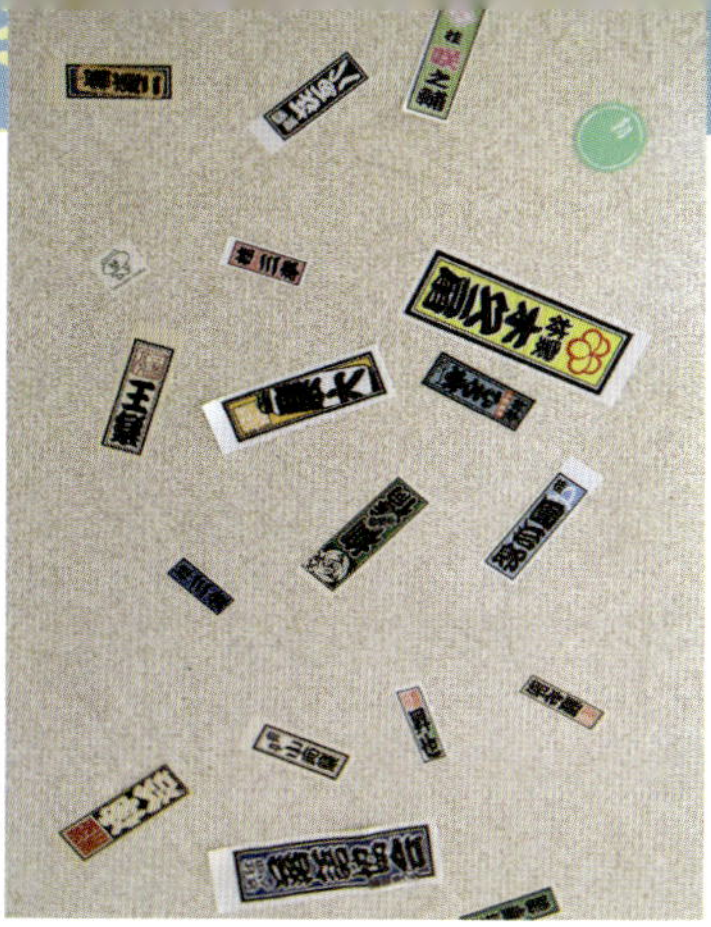

天井には、らくごカフェに訪れた落語家の千社札が

MENU

- 中国工芸茶(お茶菓子付) … 649円
- 日本酒(おつまみ付) ……… 463円
- らくごカフェオリジナル手拭い
  - ……………………… 1枚 741円
  - ……………………3枚セット 1,852円

落語家さんを呼んで、会社の忘年会や女子会で利用される方もいらっしゃいます。ケータリングなどもアレンジするのでご予算などご相談ください。

いつもと違うパーティを！

Information

- 住 東京都千代田区神田神保町2-3 神田古書センター 5F
- ☎ 03-6268-9818(平日 12:00～18:00)
- 営 [喫茶]12:00～18:00(17:30 LO)
  ※平日夜、土日祝は演芸会随時開催
- 休 不定休
- 席 [喫茶]20席 [演芸会]最大50席
- 煙 演芸会のみ禁煙
- 交 地下鉄神保町駅より徒歩1分

http://rakugocafe.exblog.jp/

「らくごカフェ」オリジナルの手拭いをはじめ、落語に関する本・CD・DVDも販売。中国まで買い付けにいく工芸茶には「花が咲くように」との想いが込められている

落語に関する本が揃っているので、カフェタイムに訪れる落語家も！

英会話喫茶ミッキーハウス

［えいかいわきっさみっきーはうす］

お勉強度 ★★★★★

体験 ★★★★★

食事ができる ★★★★★

- [ ] LUNCH
- [ ] SWEETS
- [x] SOFT DRINK
- [x] ALCOHOL
- [ ] FOOD
- [ ] TERRACE
- [ ] GALLERY
- [ ] ZAKKA

高田馬場で30年。国際交流が出来るカフェ

16カ国の言語が飛び交うこちらは、ネイティブのスタッフが各テーブルに着き会話をすすめる。入場料の大人1900円（税込）、学生1500円（税込）を支払えば、セルフサービスのコーヒーと紅茶が飲み放題で、何時間でも滞在可能。テーブルを自由に行き来でき、気軽に外国語が楽しめる。英語を始めたばかりでも大丈夫。初級英会話テーブルも用意されているので、自分のレベルに合わせたテーブルに着けばいい。フードの持ち込みも可能。別料金を支払えばアルコール類の注文ができるので、バー感覚で訪れる人もいるという。日本人をはじめ、様々な国の人が集まるインターナショナルな社交場だ。英語以外の言語は日替りなのでHPで確認をして訪れよう。

日常会話で自然と外国語が身についたという人も。外国語が身についたら友達もできるはず

高田馬場

楽しく会話を

気軽に会話をすすめるうちに自然と外国語が話せるように

世界の本が並び、こちらを参考に海外旅行も

MENU

- ビール ･･････････････････ 463円～
- ワイン ･･････････････････ 463円～
- カクテル ･････････････････ 463円

16カ国の言語が学べます

世界中の人といろいろな言語で気軽に会話ができる、世界でも珍しいカフェです。時間を気にせず、ゆっくりと会話をお楽しみください。

Information

住 東京都新宿区高田馬場
2-14-4　八城ビル 4F
☎ 03-3209-9686
営 [平日] 18：00 ～ 23：00
[土] 13：00 ～ 23：00
[日] 13：00 ～ 18：00
休 1/1 ～ 1/3
席 65 席
煙 分煙
交 地下鉄高田馬場駅よりすぐ
http://mickeyhouse.jp

こちらで、コーヒー・紅茶を入れたら、自分のレベルに応じたテーブルを案内してくれる。小腹がすいたらスナック菓子を購入

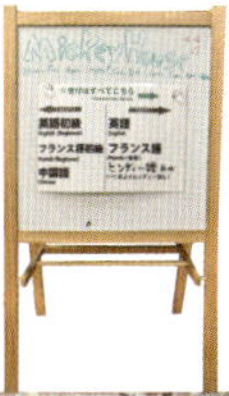

掲示板でイベントや情報をチェック！

お勉強度
★★★★★

体験
★★★☆☆

食事ができる
★★☆☆☆

ゲンロンカフェ

［げんろんかふぇ］

- ☐ LUNCH
- ☑ SWEETS
- ☑ SOFT DRINK
- ☑ ALCOHOL
- ☑ FOOD
- ☐ TERRACE
- ☐ GALLERY
- ☐ ZAKKA

登壇者との距離の近さが魅力

出版社「株式会社ゲンロン」が運営しているイベントスペース「ゲンロンカフェ」では、様々な分野の専門家や著名人のトークショーや対談を行っている。テーマは、歴史文化から政治、アートやファッション、ゲームまで幅広く、その時々のイベントによって客層や店内の雰囲気ががらりと変わるのが面白い。また、ほとんどのイベントは「ニコニコ生放送」で中継されているため（有料）、どこにいてもイベントを観覧できるのも嬉しい。「一応終了時間を設定していますが、会場が盛り上がった場合は時間を延長して楽しんでいただいています。ここで知ったことをきっかけに、様々な興味を深めていただけたら嬉しいですね」とスタッフの徳久さん。

時には、株式会社ゲンロンの代表で作家・思想家の東浩紀氏がイベントに登場することも

五反田

店内の壁は、今まで登壇した著名人のサインでいっぱい

ちゃぶ台スペースで寛ぎながら話を聞くこともできる

イベント・パーティスペースとして会場のレンタルも行っている

本が満載された本棚にも注目

終演後は交流の時間。アルコールや軽食も楽しんで

Information

住 東京都品川区西五反田1-11-9 司ビル 6F
☎ 03-5719-6821
営 18：00 ～ 24：00
休 日・月曜
席 100 席
煙 イベント中禁煙
交 JR・地下鉄・東急線 五反田駅より徒歩 3 分
http://genron-cafe.jp

MENU

- 入場券（一般）
  ………… 前売券 2,600 円（税込）／当日券 3,100 円（税込）
- 福島産かまぼこプレート ………… 556 円
- クラウディ・ベイ（白ワイン） ………… グラス 1,112 円
  ………… ボトル 6,482 円

農民カフェ

[のうみんかふぇ]

☑ LUNCH ☑ SWEETS ☑ SOFT DRINK ☑ ALCOHOL
☑ FOOD ☑ TERRACE ☑ GALLERY ☑ ZAKKA

お勉強度
★★★☆☆

体験
★★★★★

食事ができる
★★★★★

左／中庭の落ち着いた雰囲気でのんびりランチを　上／1階の店内。友人の家に訪れたかのよう。身体に優しい食事を

Information

- 住 東京都世田谷区北沢 2-27-8
- ☎ 03-6416-8176
- 営 11：00 ～ 23：00
  [火] 11：00 ～ 15：00
- 休 無休
- 席 40 席
- 煙 分煙
- 交 京王線・小田急線
  下北沢駅より徒歩 3 分

http://hyakushow.com

お子様連れも安心

2階には３つの個室がある

2階ではベビーヨガ教室なども開催。イベントスペースとしても貸し出ししているので相談して

心も体も優しくなれる 下北沢の一軒家カフェ

下北沢駅の近くに佇む一軒家「農民カフェ」は、２００９年にオープンした。有機野菜や伝統野菜を中心に、毎朝届けられる新鮮な野菜を使ったランチを日替りで提供。届いた食材を見てからその日のメニューを決めているのだ。オーナー荒川淳一郎さんは、ロックバンド「ジャックナイフ」の元メンバー。同じバンドのボーカルだった和気優さんが全国を回っているときに出会った農家の人々との繋がりで、野菜を送ってもらうようになったという。荒川さんも米作りに参加する。「無農薬で米を作るのは大変です。手間暇かかるうえに、農薬を使った田んぼの1／3の収穫量だったり」。素材にこだわり素材を大切にする、人に優しいカフェだ。

上／農民惣菜プレートはスープ、蓮茶又はオーガニック珈琲付き
下／店頭では、有機野菜を販売

作り手の顔が見える素材を使用

オーガニック、ベジタリアン、ヴィーガン対応。冬には中庭デッキ席にコタツ、大型ストーブも用意します。古民家をリノベーションした温もりある雰囲気でゆっくりお過ごしください

Masuyama's Check!

靴を脱いでゆったり過ごせるフロアもあり、お母さんとお子さんが一緒に訪れることも多いんです。

MENU

- 農民惣菜プレート …… 1,158円
- 農民カレーセット …… 1,158円
- 本日のスイーツ ………… 389円

mr.kanso 神田店

［みすたーかんそかんだてん］

- [ ] LUNCH
- [x] SWEETS
- [x] SOFT DRINK
- [x] ALCOHOL
- [x] FOOD
- [ ] TERRACE
- [ ] GALLERY
- [ ] ZAKKA

お勉強度
★★★★★

体験
★★★★★

食事ができる
★★★★★

缶詰の魅力をぎゅっと詰め込んだ、個性派バー

「こんな缶詰もあるんだ!」「初めて食べたけど、おいしい!」。そんな驚きを提供してくれるのがこちら。缶詰と一口に言ってもその種類は様々。店内にはおよそ250種類の缶詰が常時揃い、好みの缶詰とお酒を楽しむことができる。日本の缶詰だけでなく、タイのカレーやスペインのアヒージョ、カナダのロブスターまで、東京に居ながらにして世界の缶詰を味わえるのが嬉しい。

数多ある缶詰の中でも注目したいのがPB(※)商品だ。大阪に本店を置くmr.kansoならではの「たこやき」や、京都錦市場の老舗・吉田喜とコラボした「だし巻き」は、新大阪の駅などでも販売され、関西土産としても喜ばれている逸品。未だ見ぬ缶詰と出会いに、気軽に訪れたい一軒だ。

※プライベートブランド

この日も常連さんが来店。気軽にふらっと立ち寄れるのもこの店の魅力

種類豊富な缶詰

おつまみからデザートまで、缶詰がぎっしりの店内

ここに来たらぜひ試してほしい、PB商品「だし巻き」と「たこやき」

MENU

- 缶詰 ………… 186円～5,093円
- 生ビール ………… 325円
- ウィスキー ………… 371円～

普段目にしないような缶詰もたくさん揃っています。ウィスキーにも力を入れているので、お酒好きな方もぜひいらしてください。

ドキドキが詰まったお店です！

京都の缶詰「天橋立」シリーズも好評。下は女性に人気の3品

アットホームな店内。2軒目で訪れる人も多い

Information

- 住 東京都千代田区神田司町2-15-16 サトウビル1F
- ☎ 03-3259-7701
- 営 17：00～翌1：00
- 休 日曜・祝日
- 席 15席
- 煙 喫煙可
- 交 地下鉄小川町駅、淡路町駅、新御茶ノ水駅より徒歩2分

http://www.cleanbrothers.net/kanso/shoplist_kanda.html

人形町駄菓子バー

[にんぎょうちょうだがしばー]

- ☐ LUNCH
- ☑ SWEETS
- ☑ SOFT DRINK
- ☑ ALCOHOL
- ☑ FOOD
- ☐ TERRACE
- ☐ GALLERY
- ☐ ZAKKA

お勉強度
☆☆☆☆☆

体験
★★★☆☆

食事ができる
★★★★★

〝懐かしい〟がたくさん！ 思い出の駄菓子に会える店

幼い頃、お小遣いを数えながら駄菓子屋さんで駄菓子を買った経験は、誰にでもあるだろう。こちらは500円のチャージ料を支払えば店内の駄菓子が食べ放題という、当時を思うと夢のような店（ワンドリンクオーダー制）。都内4カ所で営業する駄菓子バーの一店舗、人形町店だ。昭和レトロを思わせる店内には、懐かしいBGMが流れ、まるでタイムスリップしたかのよう。

駄菓子だけではない。昔懐かしい給食セットなど面白いメニューに加え、定番の居酒屋メニューも充実。週末は深夜遅くまで営業し、オリジナルカクテルや酎ハイ、ウイスキーなどの酒類も豊富に取り揃えているので、時間を気にせずゆっくり楽しめる。

駄菓子バーの始まりは2003年にオープンした恵比寿店から。他に池袋、水天宮に姉妹店がある

人形町

グループや団体で

揚げパンは、さとう（200 円）、きな粉、ココア、シナモン（250 円）の 4 種類

MENU

- ハムカツ（1 枚） ………… 200 円
- 懐かしの給食セット …… 1,500 円
- 酎ハイ・サワー ………… 380 円～

人数がそろったら宴会コースで予約を！もちろん駄菓子の食べ放題付き

幼い頃の気持ちに戻って、思う存分、駄菓子を楽しんでくださいね。でも童心に返るあまり、駄菓子を食べすぎて胃もたれしないようお気を付けくださいね（笑）。

駄菓子を楽しもう！

Information

- 住 東京都中央区日本橋人形町 2-11-4
- ☎ 03-3639-5434
- 営 17:00 ～ 24:00（金・土・祝前～翌 3:00、日・祝 16:00～）（LO閉店60分前、ドリンクLO閉店30分前）
- 休 正月
- 席 30 席
- 煙 喫煙可
- 交 地下鉄人形町駅より徒歩 1 分

http://www.dagashi-bar.com/

駄菓子バー名物のハムカツ。「お菓子の家」はサプライズ誕生日などに

小学生の頃を思い出しながら「懐かしの給食セット」をいただこう

100% Chocolate Cafe.

お勉強度 ★★★☆☆

体験 ★★★☆☆

食事ができる ★★★★☆

100%ChocolateCafe.

[ひゃくぱーせんとちょこれーとかふぇ]

- [ ] LUNCH
- [x] SWEETS
- [x] SOFT DRINK
- [ ] ALCOHOL
- [x] FOOD
- [ ] TERRACE
- [ ] GALLERY
- [ ] ZAKKA

チョコレートが100%体感できるカフェ

2004年にオープンしたこちらは、株式会社明治の直営店。店内には、ワインセラーのようにディスプレイされた56種類のチョコレート生地が並び、頭上には板チョコのような天井が張り巡らされ、チョコレートをテーマにデザインされたこだわりの空間が広がる。現在の食べるチョコレートは誕生して200年足らず。チョコレートの歴史は4000年を超えると言われ、そのほとんどが飲み物として愛されてきたという。先ずは、飲むチョコレート「ショコラドリンク」を注文しよう。スチームをかけて作られる出来立てのショコラドリンクは、濃厚ながら後味すっきり。他にも、その日の朝に作られたフレッシュなチョコレートを使ったチョコレートメニューが並びチョコレートを100%堪能できる。

チョコレートを存分に感じられる店内

京橋

エクアドル産カカオ豆を使用した「ショコラドリンク」は華やかな香り

左上／フルーティな酸味とベリーのような華やかな香りが特徴のブラジル産カカオを使用した「ブラジルカカオと５種のベリーのスペシャルワッフレート」。スペシャルワッフレートは季節毎に新しいメニューに　左下／6種の味のチョコロネは、毎朝手作りした「作りたてのフレッシュチョコ」を使用。原材料にもこだわった出来立てのチョコロネはここでしか味わえない

いつもと違うチョコレートの美味しさを発見！ 56種類あるチョコレートの中から、自分好みを見つけよう！ 220円（税込）～

Information

- 住 東京都中央区京橋 2-4-16 明治 京橋ビル 1F
- ☎ 03-3273-3184
- 営 [平日] 8:00～20:00(19:30 LO)
  [土･日･祝] 11:00～19:00(18:30 LO)
- 休 不定休
- 席 18 席
- 煙 全席禁煙
- 交 JR東京駅より徒歩8分、地下鉄京橋駅より徒歩1分

http://www.meiji.co.jp/sweets/choco-cafe/

家庭でも味わえるショコラドリンク「ショコラ BOX」はお土産にどうぞ
※マグカップは非売品

MENU

- スペシャルワッフレート ………… 730 円
- ショコラドリンク ………… 430 円
- チョコロネ ………… 320 円

※全て税込価格

TERRA CAFE BAR

[てらかふぇばーる]

- [x] LUNCH
- [x] SWEETS
- [x] SOFT DRINK
- [x] ALCOHOL
- [x] FOOD
- [x] TERRACE
- [ ] GALLERY
- [x] ZAKKA

お勉強度
★★★☆☆

体験
★★★★★

食事ができる
★★★★☆

保存食の美味しさを発見しよう

寺田倉庫がプロデュースする「TERRA CAFE BAR」は、保存食をコンセプトに冷凍食品、シーリングフード（瓶詰や缶詰）、フリーズドライ（食品凍結・乾燥）の美味しさを広めようと2013年12月に天王洲アイルのボンドストリートにオープンした。常時300種類ある商品は、その多くが約3カ月以上保存できるもの。買って帰るのももちろんだが、全ての商品が開放感あるテラスで食べられる。

こちらが日本初上陸だというイタリアの伝統的コーヒーメーカー「ブリスト」の本格コーヒーも味わえる。ワインやテキーラなどの酒類も充実しているので、缶詰をつまみに一杯という人も。カフェとしてもバーとしても利用できるのが嬉しい。

直ぐそばに運河があり、ロケーションも抜群！緑に囲まれたテラスでのんびり過ごしたい

天王洲アイル

その場で調理

冷凍食品はお願いすればお皿に移して温めてくれる

ギフトでも喜ばれる保存食。スタッフに相談すれば、お勧めをチョイスしてくれる

MENU

- 熟成冷凍パン ………………………… 93円
- ランチセット ………………………… 741円
- カフェラテ（ブリスト豆使用） ……… 315円

保存食のセレクトショップで、イートインやテイクアウトが可能です。店内にあるものは全て、調理して店内やテラスでお召し上がりいただけます。

保存食は美味しいですよ

Information

- 住 東京都品川区東品川2-2-43
- ☎ 03-6433-1126
- 営 8:00～21:00(木～土～22:00、日・祝～19:00)
- 休 不定休
- 席 50席
- 煙 全席禁煙
- 交 りんかい線天王洲アイル駅より徒歩6分、東京モノレール天王洲アイル駅より徒歩5分

http://terracafebar.tokyo.jp

「ミリメシ」は軍人用に作られた保存食。これ一袋で温かい食事ができる

Masuyama's Check!

パンケーキセットはコーヒー込みで463円。おしゃれでリーズナブルなカフェとしても存在価値大！

店内入り口近くのスペースでは季節に応じた商品が。雑貨も取り扱う

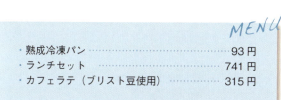

プチ文壇バー　月に吠える

［ぷちぶんだんばー　つきにほえる］

- [ ] LUNCH
- [x] SWEETS
- [x] SOFT DRINK
- [x] ALCOHOL
- [ ] FOOD
- [ ] TERRACE
- [ ] GALLERY
- [ ] ZAKKA

お勉強度
★★★☆☆

体験
★★★☆☆

食事ができる
★☆☆☆☆

新宿ゴールデン街のプチ文壇バー

ノンフィクション作家でオーナーの肥沼和之さんは、人と話をするのが好きで様々なバーに通ううちに自分でお店をオープンする事を決意。２０１２年6月にこちらをオープンした。店内にはお客が持参した本が多数。作家や編集者などの業界人が集い、毎夜、文学談義に花が咲く。マスターに尋ねれば出版業界の話もしてくれるので編集志望者にも嬉しいお店だ。文壇バーに相応しい面白いネーミングのカクテルはぜひお試しを。

「お酒が飲めない方も歓迎、気軽に訪れてほしい」と肥沼さん。ゴールデン街の入り口近くという立地で、一見さんも多く訪れるそう。本に興味がある方も、ゴールデン街初心者も、誰もが楽しめる文壇バーである。

一見さんも優しく迎えてくれる肥沼さん。至る所にある本は、貸し出しもしてくれる

バーのマスターに!?

お客がカウンターに立つ「一日店長」も不定期で行われている

ギターで演奏が始まる事も。こちらもお客が持参したもの

MENU

・印税生活	787円
・締切前夜	787円
・モヒート	648円

チャージ500円でアルコールは700円。ボトルキープもあります。先ずは気軽に扉を開けて！何を飲んだらいいか迷った時はご相談を。

一見さんも大歓迎！

Information

住 東京都新宿区
歌舞伎町 1-1-10
☎ 080-8740-9958
営 19：00 ～翌 2：00
（日・祝 18：00 ～ 24：00）
休 不定休
席 8 席
煙 分煙
交 JR 新宿駅より徒歩 5 分
http://bar.moonbark.net

ウイスキーやカクテルが多数揃う

肥沼さん著『究極の愛について語るときに僕たちの語ること』

バー銀座パノラマ 新宿店

［ばーぎんざぱのらま　しんじゅくてん］

- ☐ LUNCH
- ☐ SWEETS
- ☑ SOFT DRINK
- ☑ ALCOHOL
- ☑ FOOD
- ☐ TERRACE
- ☐ GALLERY
- ☑ ZAKKA

お勉強度
★★★☆☆

体験
★★★★★

食事ができる
★★★☆☆

精巧なジオラマにうっとり。時を忘れそうな大人の空間

２００４年にオープンした「バー銀座パノラマ」。鉄道ファンと旅を愛する人たちの止まり木として愛されてきたが、惜しまれつつ２０１５年に店を閉じた。今、その思いを受け継いでいるのが「バー銀座パノラマ 新宿店」だ。

２００８年オープンのこちらは、カウンターを様々なＮゲージの鉄道模型が走行する。入り口付近の席は田舎の風景、真ん中の席は大きなステーション、奥の席には現代的な都会の風景が広がり、精巧に作られたジオラマは、眺めているだけでワクワク。「大人が童心に立ち返る秘密基地のような空間でありたい」と店長の曽根大介さん。鉄道ファンはもちろん、カップルや女性同士で利用する人も。落ち着いた大人の空間だ。

バーテン歴 20 年の曽根さんは、受け継がれるオリジナルカクテルに加え、新しいカクテルも開発

精巧なジオラマ

眺めているだけで楽しくなる非日常な空間で、美味しいお酒を

「ロマンスカー」は木苺のリキュールを使った、ほんのり甘めのカクテル（右）。「北陸新幹線開業記念カクテル」（左）はジンベースのさっぱりとした味

MENU

- オリジナルの鉄道カクテル各種 ……… 1,200 円
- フレッシュフルーツカクテル ……… 1,350 円～
- 生ハム 3 種の盛合せ ……… 1,450 円

疾走するＮゲージの鉄道模型とジオラマがお客様をお出迎えし、バーテンダーはお客様の喉を潤します。ゆっくりお過ごしください。

大人の秘密基地として
ご利用ください

Information

住 東京都新宿区新宿 3-31-1
大伸第２ビル 9F
☎ 03-5363-0842
営 18：00 ～翌 2：00
［日・祝］17：00 ～ 23：00
（翌日が祝日の場合は平日扱い）
休 年末年始
席 19 席
煙 喫煙可
交 地下鉄新宿三丁目駅より徒歩 1 分
http://www.ginza-panorama.com/

上／緑豊かな田舎の風景　下／ピザや季節のメニューもあり、食事もできるバー。おすすめは国産黒豚の柔らかジャーキー（850 円）

鉄道模型は販売もしている。持ち込んだ車両を走らせることも可能

あったらいいな、

COLUMN

こんなカフェ＆バー

渋谷編

街の人に聞いてみました。どんなカフェやバーがあったら行ってみたいですか？

01

芸能人カフェ

店員さんが全員芸能人だったら…毎日でも通っちゃうかも。日替わりでお笑いの人や俳優さん、ミュージシャンがコーヒーを運んで来たらびっくりですね。

20代女性　A.Tさん　自営業

02

デッサンカフェ

コーヒーを飲みながら優雅にデッサンをして、画材は使いたい放題。デッサン後にはそのモチーフが無料で食べられる…なのでモチーフは食べるものに限ります（笑）

20代男性　K.Mさん　美大生

03

イスバー

気に入れば購入も出来るイスカフェに行ったことがあります。その「バー」バージョン。先ず、自分が座りたい椅子を選んでからゆったりとした時間を過ごす。グラスを片手に寛げますね～。

20代男性　H.Kさん　自由業

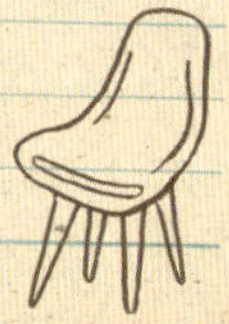

04

カップ＆ソーサーカフェ

他県で訪れたカフェで、何十種類もあるカップとソーサーから好きなものを選んでコーヒーを入れてもらう店があるんです。東京にもそんなカフェがあったらいいなぁ。

30代女性　H.Sさん　デザイナー

05

手芸カフェ

手芸が大好きなので、時間を気にせず手芸に没頭できるカフェがあると行ってみたいです。手芸用品は使いたい放題…だったら嬉しいな。

20代女性　M.Tさん　フォトグラファー

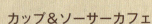

体験型マニア系

CAFE & BAR

なんとかBAR

［なんとかばー］

マニア度
★★★★★

体験
★★★★★

食事ができる
★★★★☆

- [ ] LUNCH
- [ ] SWEETS
- [x] SOFT DRINK
- [x] ALCOHOL
- [x] FOOD
- [ ] TERRACE
- [ ] GALLERY
- [ ] ZAKKA

1日店主とお客が作るカオスな空間

高円寺でリサイクルショップを経営する松本哉《はじめ》さんとその友人たちが作る不思議なバー。「高円寺は音楽、演劇などいろんなジャンルの人たちが集まる街。ジャンルを横断して交流できるスペースが欲しかった。ここは元は小料理屋で、店を畳むと言うから勢いで借りちゃったものの、運営方法は白紙状態（笑）。友人たちに『店長やってみない？』と聞いても、みんな『月に1～2回とかならいいけど毎日は無理』と。それなら1日店主にしよう、と」と松本さん。カウンターに立つ店主たちは、無職、フリーターから著名な政治家や作家、外国人まで、実に個性的な面々。集うお客も毎回いろんな顔ぶれで、いつ来ても新鮮な出会いがあり、カオスな空気が流れている。

日によって店主が変わるので、お客の層もメニューもガラリと変わる。貸切にはしていないので、誰でも来店大歓迎

店主もお客も個性派揃い！

取材当日、カウンターに立つ松本さん。高円寺北中通り商店街の副会長を務め、地域振興にも尽力

高円寺北口、商店街を進んだ先に灯りがともる

カウンター上の壁には、マレーシアの友人が描いてくれたアート

お客同士が自然と仲良くなってしまう。なぜか腕相撲大会が始まった！

メニューも飲み物も、その日の店主の意向で、ガラリと変わる

Information

- 住 東京都杉並区高円寺北 3-4-12
- ☎ なし
- 営 19：00 頃～
  （昼営業の日もあり）
  ※閉店時間は日によって異なる
- 休 不定休
- 席 15席
- 煙 喫煙可
- 交 JR 高円寺駅より徒歩 3 分

http://www.shirouto.org/nantokabar/

Masuyama's Check!

営業時間も店主の気まぐれで変わったりと自由すぎる店。終電を過ぎる頃が特にカオスです（笑）！

MENU

※取材当日の場合

- レーベンブロイ（ドイツビール）…… 371 円
- 青島ビール ………… 371 円
- 焼きうどん ………… 371 円

GUNDAM Café 秋葉原店

［がんだむかふぇ　あきはばらてん］

- [x] LUNCH
- [x] SWEETS
- [x] SOFT DRINK
- [x] ALCOHOL
- [x] FOOD
- [ ] TERRACE
- [ ] GALLERY
- [x] ZAKKA

マニア度 ★★★★★

体験 ★★★★★

食事ができる ★★★★★

ガンダムの魅力を秋葉原から発信

１９７９年のテレビアニメ放送開始以来、多くのファンを魅了してきたガンダム。こちらは第一作「機動戦士ガンダム」を中心に、ガンダムの世界観を余すところなく再現したスポットだ。

店内にガンプラが飾られていたり、メニューもおなじみのキャラクターやモビルスーツがモチーフとなっていたりと、まさにガンダム一色。実際、来店をきっかけにガンダムにハマる人も多いのだそう。「機動戦士ガンダム」以外にも「機動戦士ガンダム００《ダブルオー》」や「機動戦士ガンダムＳＥＥＤ」など様々なシリーズのフェアも開催。他にもオリジナルグッズなど、見所は盛りだくさん。ガンダムの魅力にどっぷりと浸るひと時を過ごしたい。

ガンダムを象った外観が目印。ライトアップされた姿もカッコイイ（写真右上）

秋葉原

1/12サイズのガンダムがお出迎え

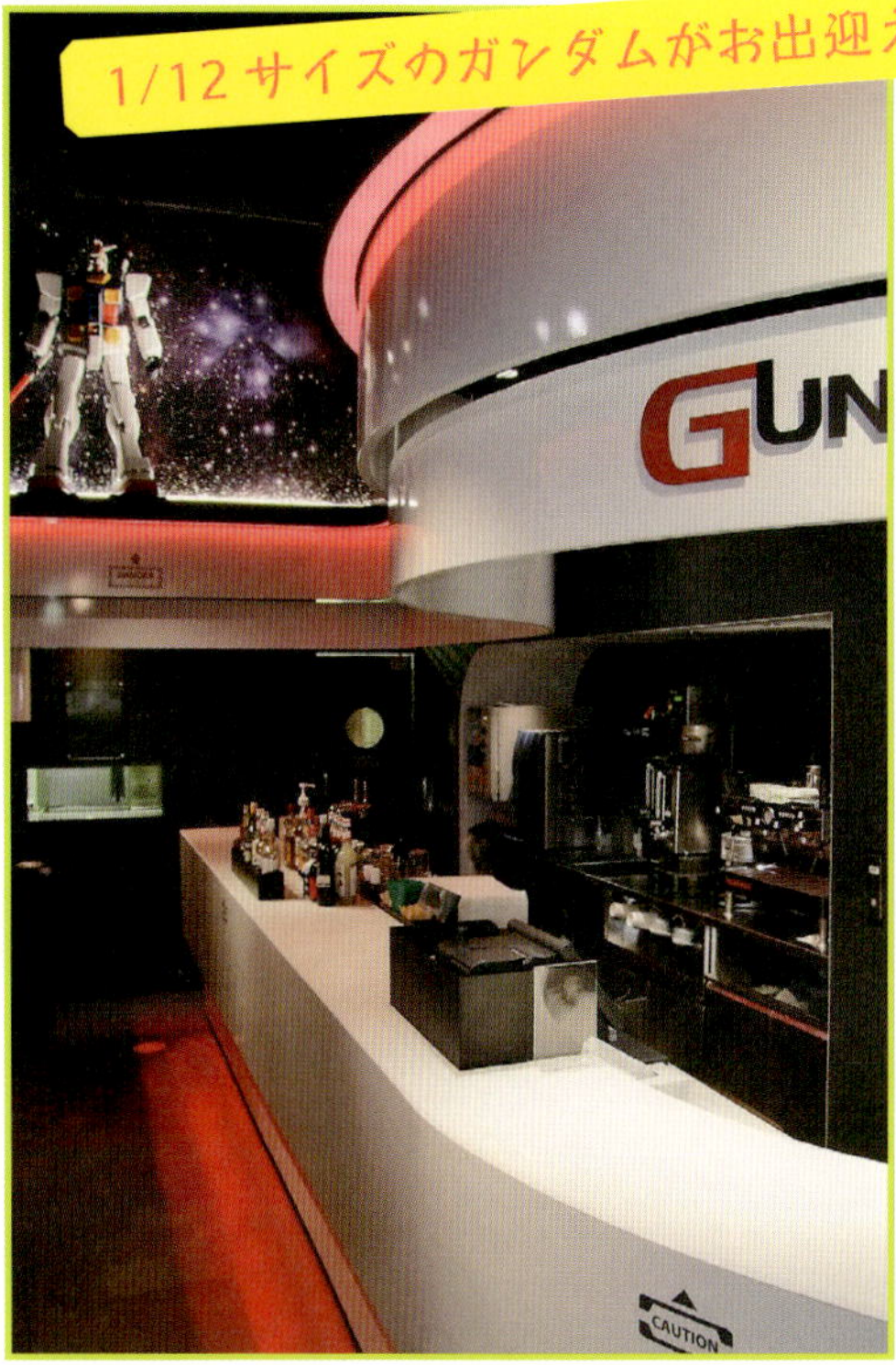

店内入口に入ると12分の1サイズのガンダムが

白と赤を基調にした、スタイリッシュな店内

MENU

・連邦の白いヤツ ver.2 ～ペンネ・ゴルゴンゾーラ～……780円
・シャアザク・ライス ver.2 ～チキンオムライス～……880円
・追憶のマチルダ～極上チーズムースケーキとジャブローコーヒーセット～……880円

モビルスーツが描かれたマグカップやお菓子など、お土産に買いたいオリジナルグッズも充実

Information

- 東京都千代田区神田花岡町1-1
- 03-3251-0078
- 10:00～22:30（21:30フードLO、22:00ドリンクLO）
- 不定休
- 60席
- 全席禁煙（テラスに喫煙スペースあり）
- JR秋葉原駅より徒歩1分

http://g-cafe.jp

ガンダムやシャア専用ザク、百式、アッガイなど、モビルスーツがお皿の上でも登場

ガンダム・シャアザク・アッガイの3種の絵柄が選べる「ガンダムカフェラテ」（390円）

※掲載写真は全てイメージ　©創通・サンライズ

はんだづけカフェ

［はんだづけかふぇ］

☐ LUNCH ☐ SWEETS ☐ SOFT DRINK ☐ ALCOHOL
☐ FOOD ☐ TERRACE ☐ GALLERY ☐ ZAKKA

マニア度
★★★★★

体験
★★★★★

食事ができる
★★★★★

あなたもできる！ 電気に関する工作・修理

電気製品に囲まれた生活を送る私たち。洋服が破けたらその部分を自分で縫うように、電気製品も簡単な修理なら自分でやってみたい、でもどうしたらいいかわからない…そんな人は、秋葉原の「はんだづけカフェ」へ行ってみよう。こちらは電子部品販売会社「スイッチサイエンス」が運営するスペースで、スタッフに声をかければ無料ではんだごてや工具、計測器を使うことができる。

　利用者は様々だが、ロボットなどの電子工作を楽しむ人や、アンプなどを自作するオーディオファンなどがよく訪れるという。はんだづけをやったことがないという人も、周りの人に聞いてみよう。アドバイスを貰えるかも。

道具や工具は貸し出しているが、部品は持参を。秋葉原の電気街はすぐそこなので、足りない場合は買いに行ける

できると便利、はんだづけ

「はんだづけの一番のコツは、慣れです」とスタッフ

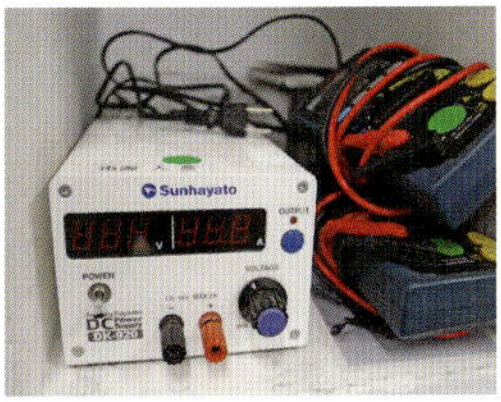

計測器メーカーが協賛・提供した計測器が並ぶ

温度調節機能付きで、追い炊き可能な最新式のはんだごて

MENU

- 入店および道具、工具の貸し出し … 無料
  （ドリンクやフードの提供は無いため、持参するか同じフロアにある自販機の利用を）
- ぴかぴかどうぶつバッジキット … 463円

Masuyama's Check!

最近静かなブームの、ギターのエフェクター作りにも役立つお店です。部品は秋葉原で購入を。

Information

住 東京都千代田区外神田6-11-14
アーツ千代田 3331 3F
☎ 03-6265-3615
営 ［月・水・金］18:00～20:30
［土・日・祝］13:00～18:00
休 火・木曜日
席 6席
煙 全席禁煙
交 地下鉄末広町駅より
徒歩1分
http://handazukecafe.com/

上／取材当日、「カメラとストロボを無線でつなぎたい」という人が来店　下／各種工具も無料貸し出し

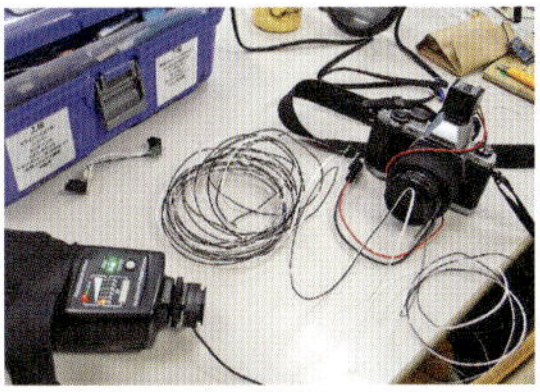

電子工作の専門雑誌も自由に閲覧できる

KING & QUEEN

［きんぐあんどくいーん］

- [ ] LUNCH
- [ ] SWEETS
- [x] SOFT DRINK
- [x] ALCOHOL
- [x] FOOD
- [ ] TERRACE
- [ ] GALLERY
- [ ] ZAKKA

マニア度
★★★☆☆

体験
★☆☆☆☆

食事ができる
★★★☆☆

初心者大歓迎！新宿二丁目のミックスバー

近年、「LGBT」（レズビアン、ゲイ、バイセクシュアル、トランスジェンダー）をはじめとする性的少数者の権利を保護する機運が世界的にも日本でも高まっているが、ここ新宿二丁目は昭和40年代からゲイタウンとしての歴史を持つ。ゲイオンリーやレディースオンリーなど様々なコンセプトの店がある中、「KING&QUEEN」はセクシュアリティに関わらず誰でも楽しめるミックスバーとしてオープンした。「僕自身、初めて二丁目に連れて来てもらった時、〝専門用語〟が飛び交う独特の雰囲気に馴染めなかった。誰でも気軽に二丁目を楽しんでほしいという思いから、この店を作りました」とオーナーのアツシさん。まずはこの店から二丁目デビューはいかが。

お客の半分近くはストレート（性的少数者ではない人々）。ミックスバーならではのフレンドリーさが居心地良い

安心の明朗会計！

決められた予算内で飲みたい時は、遠慮無く伝えよう

ひそひそ話はこちらの席でどうぞ

MENU

基本セット料金
・セットチャージ……………1,852 円～
（1 ドリンク ＋ スナック Bowl 付き）
※飲み物により異なる
（カクテル、ソフトドリンク 926 円～）

二丁目デビューは当店から！

今まで二丁目に行ってみたかったけど…という方は、ぜひお越しください。「他の店にも行ってみたい」という方にも気軽にご紹介します

最新の高音質カラオケでワイワイ盛り上がろう

上／セットには懐かしい駄菓子がついてくる　下／ドアの向こうに新しい世界が!?

Information

住 東京都新宿区新宿 2-14-5
坂上ビル 3F
☎ 03-6273-1739
営 21：00 ～翌 5：00
休 年中無休
席 10 席
煙 喫煙可
交 地下鉄新宿三丁目駅より
徒歩 2 分
http://king-queen2013.com/

Thriller Night 六本木

[すりらーないとろっぽんぎ]

マニア度 ★★★★★
体験 ★★★★☆
食事ができる ★☆☆☆☆

☐ LUNCH ☐ SWEETS ☑ SOFT DRINK ☑ ALCOHOL
☑ FOOD ☐ TERRACE ☐ GALLERY ☐ ZAKKA

上／廃墟となった洋館をイメージした内装も雰囲気たっぷり
左／怪談師の城谷さん。その語り口に惹かれるファン多数

Information

住 東京都港区六本木 5-5-1
ロア六本木ビル B1F
☎ 03-5411-2770
営 19：00 ～翌 5：00
（日曜日～ 23：00）
休 年末年始
住 35 席
交 地下鉄六本木駅より徒歩 3 分
http://thriller-tokyo.com/

六本木

リアルな人形にも注目

特注で造られた人形４体も大事なスタッフ。否が応でも雰囲気を盛り上げる

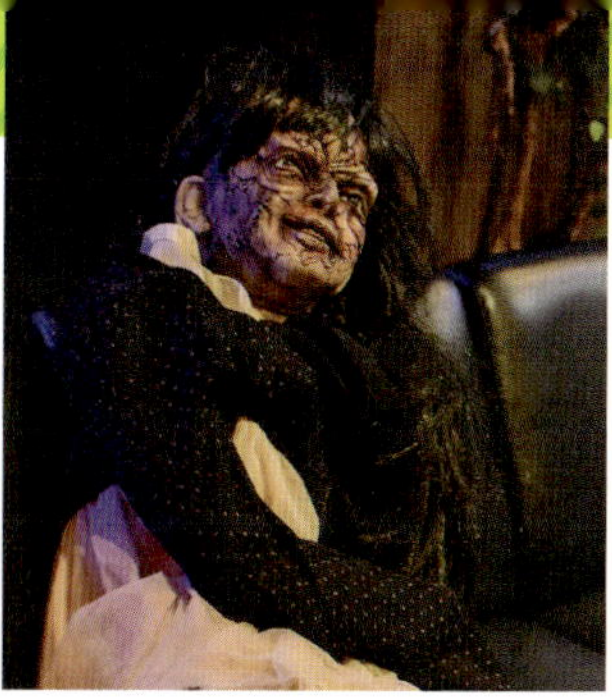

はじめて見る人はギョッとするかも

怪談好きの方も、怖いもの見たさの方も歓迎

六本木に夜な夜な怪談が繰り広げられているバーがあるのをご存じだろうか。怪談を披露するのは、皆プロとして活躍している専属の怪談師たち。生で聴く怪談は、テレビで聴くのとは一味違った恐怖を感じられると好評を得ている。

毎夜怪談が流れているためか、お客の中には少し不思議な体験をしたことがある人もいるという。「詳しくはお話しできませんが、誰もいないのに肩を引っ張られたと感じる方などは結構いらっしゃいますよ」と店長の山田さん。

朝5時（日曜は23時）まで営業しているため二次会・三次会で利用する人も多く、店が盛り上がりを見せるのは日付が変わる頃からだそう。あなたも今宵、ヒヤッとしてみませんか？

イベントもたくさんやっています。

上／それぞれ持ち味の異なる、専属の怪談師たち
下／ハロウィンのイベント期間中は、ゾンビメイクも体験できる

当店は１時間の飲み放題と怪談ライブがセットになっています。怪談ライブ以外の45分は皆さん楽しく盛り上がっていただいております。ただし、ライブ中の15分は…。

MENU

- 怪談 15 分 +1 時間飲み放題 ……… 3,500 円（税込）
- 延長 1 時間 ……… 2,500 円（税込）

CAFE＆ 和酒「N3331」

［かふぇあんどわしゅ　えぬさんさんさんいち］

- [x] LUNCH
- [x] SWEETS
- [x] SOFT DRINK
- [x] ALCOHOL
- [x] FOOD
- [x] TERRACE
- [x] GALLERY
- [ ] ZAKKA

マニア度
★★★★☆

体験
★★☆☆☆

食事ができる
★★★★★

走る電車が大接近！
鉄道＆アート好きが集う

この店の立地は何と、ＪＲ中央線の上下線の線路に挟まれた空間。神田駅〜御茶ノ水駅間の、旧万世橋駅跡（のちに交通博物館）に建つ商業施設「マーチエキュート神田万世橋」内にある。長年、地域の人々とのコラボレーションを行ってきたアート関係のＮＰＯ「コマンドＮ」が、日本のお酒をテーマに世界へ日本文化を発信しようとオープンした。店内には様々なアーティストの作品が展示されており、クリエイティブな空気に包まれる。

一番の特徴は何と言っても、店の両側を電車がスレスレに通過する様子を見られること。昼はカジュアルなランチやソフトドリンクも充実しているので、鉄道好きの子どもを連れたファミリーも多く訪れる。

開放的なテラス席では、電車をより間近に感じられる

神　田

「世界で最も電車に近い？カフェ＆バー」をうたう。特急あずさが通ることも

イスのカバーもアーティストが制作した

旧万世橋駅の遺構を活かしたクラシカルな階段

N 3331 の入口。「マーチエキュート神田万世橋」は、レンガ造りの旧万世橋駅遺構を残して造られた

アルバイトのスタッフは美大生が多いんですよ

電車を間近に見られ、旅気分を味わえます。このＴシャツもアーティストの作品。鉄道ファンもアートが好きな方もぜひいらしてください

Information

住 東京都千代田区
神田須田町 1-25-4
マーチエキュート神田万世橋
☎ 03-5295-2788
営 [月～土]11：00～23：00(22：30LO)
[日・祝]11：00～21：00(20：30LO)
休 不定休
席 テーブル20席／カウンター6席
煙 全席禁煙
交 地下鉄神田駅より徒歩２分
http://n3331.com/

日本酒、焼酎は充実の品揃え

MENU

- ３３３ド１（サンサンサンドイッチ）……… 695 円
- 自家製ジンジャーエール……… 463 円
- 季節のスムージー……… 556 円

空想カフェ

［くうそうかふぇ］

☐ LUNCH ☐ SWEETS ☑ SOFT DRINK ☐ ALCOHOL
☐ FOOD ☐ TERRACE ☐ GALLERY ☑ ZAKKA

マニア度
★★★★★

体験
★★★★★

食事ができる
★★★★★

懐かしいおもちゃは まるで昭和博物館

ドアを開ければ、カラフルでユニークなデザインのテーブルやチェアが並んでいる。ここはオシャレなデザイナーズカフェ？ いえいえ、それだけでは終わりません。奥の部屋に足を踏み入れれば、壁一面にびっしりと並ぶ昭和レトロなおもちゃにビックリ！ 店長の神谷僚一さんはこの地で1988年からアンティークおもちゃの店を開いており、2011年にカフェスペースを拡充した。浅草生まれの神谷さんは「かつて浅草には、日本のおもちゃ産業の9割が集中していました。土地の記憶を受け継ぎ、アンティークおもちゃの魅力を発信していきたい」と話す。年輩の人には懐かしく、若い人には〝アート〟なアンティークおもちゃ。その世界に浸ってみよう。

明るい光が差し込む店内。楕円形窓の向こうがアンティークおもちゃの部屋だ

アンティークおもちゃはレプリカではなく、全て 1960・70 年代に製造されたもの。こちらでは一部を除いて販売している

レトロな椅子に腰掛けて、タイムスリップ！

色あせることなく私たちを惹きつけるアンティークおもちゃ

一杯一杯手で挽いたコーヒーは風味豊か

Information

住 東京都台東区千束 2-30-1
☎ 03-3872-1166
営 11：00 ～ 19：00
休 火・水曜日
席 15 席
煙 全席禁煙
交 地下鉄入谷駅より徒歩7 分、つくばエクスプレス浅草駅より徒歩 10 分
http://asakusanocafe.com

MENU

・珈琲（土星カップとお煎餅）……463 円
・いやしのほうじ茶牛乳……463 円
・塩サイダー……463 円

男の子も女の子も夢中になったおもちゃ。昭和の子ども文化の歴史が垣間見える

FabCafe Tokyo

[ふぁぶかふぇとうきょう]

- [x] LUNCH
- [x] SWEETS
- [x] SOFT DRINK
- [x] ALCOHOL
- [x] FOOD
- [ ] TERRACE
- [x] GALLERY
- [x] ZAKKA

マニア度
★★★★★

体験
★★★★★

食事ができる
★★★★★

世界中で話題のものづくり
”ＦＡＢ“を体験できるカフェ

今、世界で広がりを見せる「ものづくり革命」のムーブメント〝ＦＡＢ〟をご存じだろうか。大量生産やマーケット論理に制約されない、「fabrication（ものづくり）」と「fabulous（愉快な・素晴らしい）」という2つの意味が込められている。渋谷にある「FabCafe」はその〝ＦＡＢ〟スピリットを楽しく、美味しく、わかりやすく伝える場所だ。店内にはレーザーカッターやカッティングマシン、3Dプリンタなど多数のものづくりマシンが設置されている。デジタルの知識がなくても、オリジナルのスタンプやミラー、パズル、3Dフィギュアなどの体験キットで気軽にデジタルなものづくりを体験することができる。もちろん、カフェだけの利用もＯＫ。ものづくりを眺めるだけでも刺激的だ。

日常ではなかなか使用できない機械が並ぶ。オリジナルキットや製作例も展示されているので初心者でも安心

相談しながら形に

初心者でもスタッフに相談しながら、イメージを形にしていこう

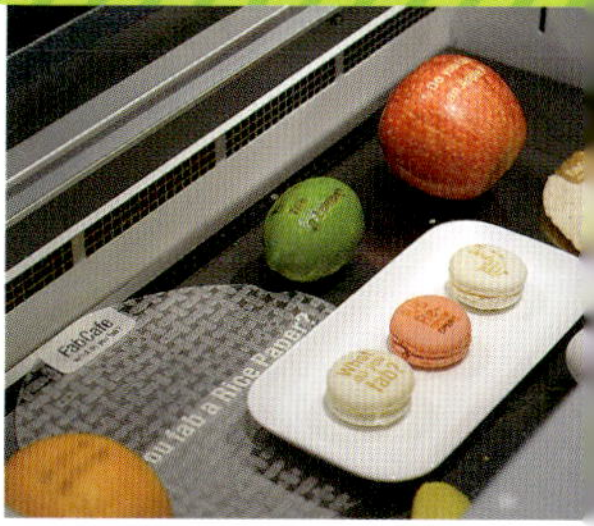

フード専用レーザーカッターは、マカロンなど食べ物限定で利用できる

カフェメニューにもこだわり、専用パティシエによる季節のスイーツも人気

カフェだけの利用も可能。話題のサードウェーブコーヒーの中でも注目を集める「NOZY COFFEE」の豆を中心に使用

オープン以来一番人気の「マシュマロラテ」。ほんのりとした甘さのコーヒーとのバランスも抜群（500円）

気軽に"FAB"を体験してください

ノベルティグッズや記念品、表札やアクセサリーなど、誰でもひらめきをすぐに形にできます。作品はアイデア次第！ぜひ、遊びに来てください。

Information

- 住 東京都渋谷区道玄坂 1-22-7 道玄坂ピア 1F
- ☎ 03-6416-9190
- 営 ［月～土］10：00～22：00 ［日・祝］10：00～20：00
- 休 不定休
- 席 65席
- 煙 全席禁煙
- 交 JR・地下鉄渋谷駅より徒歩7分

http://fabcafe.com/tokyo

MENU

- 12種類の野菜がたっぷり食べられるサラダ …… 850円～
- 新鮮な野菜とフルーツを使った、グリーン、オレンジ、ピンク、イエローの4種のスムージー …… 550円
- 自家製ソーセージと豆と野菜のトマト煮込み …… 1,400円

漫画空間 高円寺店

［まんがくうかん　こうえんじてん］

- [x] LUNCH
- [ ] SWEETS
- [x] SOFT DRINK
- [ ] ALCOHOL
- [x] FOOD
- [ ] TERRACE
- [ ] GALLERY
- [x] ZAKKA

マニア度
★★★☆☆

体験
★★★★☆

食事ができる
★★★☆☆

上／人気メニューのスリランカカレーは、スリランカ人が作る本場の味（463円）　左／高円寺駅前ロータリーを見下ろすガラス窓には、深谷さんの描いた漫画がペイントされている

Information

東京都杉並区高円寺北 2-6-1 湘和ビル 2F
03-5327-8167
11：00～23：00
年中無休
21 席
全席禁煙
JR 高円寺駅より徒歩 2 分
http://www.mangakukan.com/shop-koenji/

高円寺

デジタルもサポート

声をかければ、スタッフから漫画のアドバイスをもらえる

コミックスタジオ・フォトショップなどの漫画制作ソフトが使える

漫画が読めて、描ける。漫画版ライブハウス

「漫画が読める、描ける、広がる」をコンセプトに2014年、東京一号店が高円寺にオープン。通常の漫画喫茶のように漫画が読めるだけでなく、描くための環境が整っているのが特徴だ。漫画を描く際に必要な道具は全て揃っており、PC席では「コミックスタジオ」などの漫画制作ソフトも使うことができる。

漫画家として20年のキャリアを持つ店長の深谷陽《あきら》さんをはじめ、スタッフは全員漫画が描けるので、ひとことアドバイスがもらえたり、漫画講座を受講することもできる（講座は有料）。希望があれば描いた作品を掲示して、他のお客からコメントをもらうことも。読んだ人の生の声や反応を聞ける、いわば「漫画版ライブハウス」だ。

上／スタッフ選りすぐりの漫画が並ぶ　下／店内では深谷さん自身も漫画を制作

漫画を読むだけでももちろんOK

漫画を描いたことが無いという方も、まずはペンを握ってみませんか。自分の意外な才能を発見できるかもしれません

Masuyama's Check!

深谷先生をはじめプロの漫画家さんが仕事場として利用することも。まさに平成のトキワ荘です！

MENU

・入館料（1時間あたり）……… 556円〜（1ドリンク付）
・スリランカカレー ……… 463円
・コーヒー（ホット／アイス）… 186円

LUIDA'S BAR ルイーダの酒場

［るいーだのさかば］

マニア度 ★★★☆☆

体験 ★★★☆☆

食事ができる ★★★★☆

☑ LUNCH ☑ SWEETS ☑ SOFT DRINK ☑ ALCOHOL

☑ FOOD ☐ TERRACE ☐ GALLERY ☑ ZAKKA

ドラゴンクエストファンはぜひ訪れてみて

言わずと知れた国民的ゲーム「ドラゴンクエスト」に登場する、冒険者たちのための出会いと別れの酒場「ルイーダの酒場」。店名を聞いて微笑むファンも多いだろう。こちらはゲーム内に登場する「ルイーダの酒場」の世界観を再現した、カラオケパセラとスクウェア・エニックスによる世界で唯一の『ドラゴンクエスト公式コラボバー』（期間限定で開催される飲食イベントは除く）だ。

お馴染みのモンスターやアイテム・呪文・キャラクターをモチーフにしたメニューなど、ファンには嬉しい演出がたっぷり。

個室でゆっくりと過ごしたい方は、地下のパーティールーム「ロイヤルルーム」でコース料理やカラオケを楽しむのもおすすめだ。

ドラゴンクエストの世界観を再現しながらも、スタイリッシュな内装

個室でワイワイ！

ゆっくりと食事ができるロイヤルルーム。カラオケも完備

カウンターに飾られたオブジェに話も弾む

お馴染みのキャラクター、スライムが肉まんに

ファンならきっとテンションが上がるはず！　原寸大の「王者の剣」と「天空の剣」

Information

住 東京都港区六本木 5-16-3 パセラリゾーツ六本木店 1F
電 0120-610-372
営 14：00 ～ 22：15（土・日・祝 12：00 ～）
休 年中無休
席 スタンディングにて、25 名
煙 全席禁煙
交 地下鉄六本木駅より徒歩 3 分
http://www.paselabo.tv/luidas_bar/

ギガンテスのこんぼう（左）とゴールデンスライムのデミオムライス（右）。再現度の高さも公式コラボバーならでは

MENU

- スライム肉まん …… 350 G
- ギガンテスのこんぼう …… 880 G
- ゴールデンスライムのデミオムライス …… 980 G

※ 1G ＝ 1 円。ゲーム内における通貨の都合上、税込表記

マニア度
★★★★★

体験
★★★★☆

食事ができる
☆☆☆☆☆

神々の森神社カフェ

[かみがみのもりじんじゃかふぇ]

- [ ] LUNCH
- [ ] SWEETS
- [x] SOFT DRINK
- [ ] ALCOHOL
- [ ] FOOD
- [ ] TERRACE
- [ ] GALLERY
- [ ] ZAKKA

上／稲荷社もお祀りする　左／都心のビルの一室で、木々に囲まれたやすらぎの空間

Information

東京都新宿区
高田馬場 4-13-12
伊豆栄ビル 3F
070-6469-7242
[火･水･土] 18:00～22:00
月･水･金･日曜日
8 席
全席禁煙
JR・西武新宿線・地下鉄
高田馬場駅より徒歩 3 分
http://kamigaminomori.com/

心落ち着く空間

玉砂利が敷かれた参道を進む

右／ヒーリングルームで「神事占《しんじせん》」という占いセラピーを行う北澤さん　左／参拝は入場料463円でお茶付き。日本茶、中国茶、紅茶など、世界各地のお茶20種類以上を好きなだけ飲むことができる

占いヒーリングカフェ
お仕事帰りに癒されて

高田馬場のビルの一室に、築220年になる神社がある。創建時期は不詳だが古くからお祀りされていたと考えられ、1700年代に造られた社殿を2014年に現在のビル内に遷し、高田馬場近辺の今は無き神社も合わせてお祀りした。こちらでは神社への参拝の他、希望者は占いセラピーや各種講座を受けることができる。運営する北澤礼詞《れいじ》さんは、カウンセラー・セラピスト（占い含む）として3千人以上の施術経験を持つベテラン。「カウンセリングには『心が不調な人が訪れる』というイメージがあるかもしれませんが、普段の生活の中で心をサポートすることはとても大事なことなんですよ。悩みをしっかりと見据えることで、未来も見えてきます」

お仕事お疲れ様です

夜6時から10時までの開館なので、お仕事帰りに立ち寄られる方が多いですね。まずは気軽にお茶を飲みにいらしてください。

上／神社、神道関係の本も自由に手に取って　右／あたたかいお茶に「ホッ」

MENU

- 入場料（お茶付き）……463円
- 占いセラピー（通常45分程度）……4,630円（入場料不要）
- 各種講座……HPで随時お知らせ

高円寺・尼僧バー

［こうえんじ　にそうばー］

- [ ] LUNCH
- [ ] SWEETS
- [x] SOFT DRINK
- [x] ALCOHOL
- [x] FOOD
- [ ] TERRACE
- [ ] GALLERY
- [ ] ZAKKA

マニア度 ★★★★★
体験 ★★★★☆
食事ができる ★★★☆☆

普通の会話の中から仏教を身近に感じて

お坊さんがカウンターに立つのが「坊主バー」（P24参照）ならば、こちらは尼さんがシェーカーを振る「尼僧バー」。外の看板やドアはごく普通のバーだが、一歩中に踏み込めば、壁に曼荼羅《まんだら》や仏像が飾られた空間が広がる。カウンターでは白頭巾に法衣姿の尼さんが、にこやかに説法…ではなく接客中だ。

「お客様はごく普通の方々で、会話も普段は世間話。こちらから説教じみた話をするようなことはありません。いろいろな話をする中で、お客様がふと、『こんな時、仏教だったらどう考えるの?』と聞かれたら、お答えするようにしています」と尼僧の妙真さん。写経・写仏体験や密教ヒーリング（人生相談＋タロット占い）なども行っている（別途有料）。

仏教に詳しくなくても、全く問題なし。『お彼岸とお盆の違いは何？』なんて質問も気軽にできる

高円寺

いつもにこやかな妙真さんは、真言宗系の僧侶

壁には曼荼羅。本来は宗教的な意味のあるものだが、装飾としても美しい

例えば人間関係の悩みの場合、『自分が変わり、周りの人を受け入れれば、周りの人も変わる』というのが仏教的考え。このようなアドバイスをしながら、ご相談を伺っております。

心をほぐしにいらしてください

MENU

・般若湯（日本酒）	純米 556 円
	吟醸 649 円
・沙羅双樹（オリジナルカクテル）	1,112 円
・胡麻豆腐	649 円

Information

- 住 東京都杉並区 高円寺北 2-38-14 富士ビル 2F-D
- ☎ 03-6383-0309
- 営 18：00 ～ 24：00（LO）
- 休 水曜日・年末年始
- 席 13 席
- 煙 喫煙可
- 交 JR 高円寺駅より徒歩 5 分

http://nakano-vowsbar.com

Masuyama's Check!

家で本を読んでいても解決しなかった悩みが僧侶の方のお話でスパッと解決できることもあります。

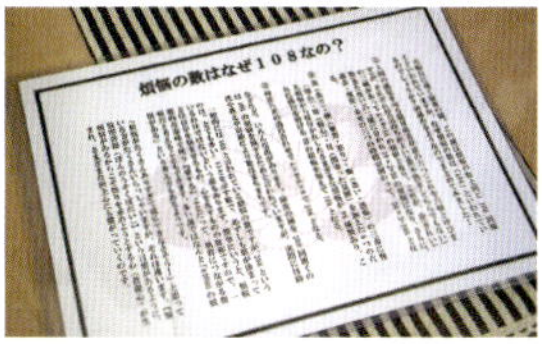

メニューの裏には仏教の豆知識が書かれている

上／店内には仏像や木魚が
下／「尼」は甘口、「僧」は辛口の焼酎（649 円）

執事喫茶 Swallowtail

［しつじきっさ すわろうている］

- [ ] LUNCH
- [x] SWEETS
- [x] SOFT DRINK
- [x] ALCOHOL
- [x] FOOD
- [ ] TERRACE
- [ ] GALLERY
- [ ] ZAKKA

マニア度
★★★★☆

体験
★★☆☆☆

食事ができる
★★★★★

お嬢様気分で優雅なひとときを

「お嬢様、お坊っちゃま、お帰りなさいませ」——。ドアを開けてもらうところから、その世界に浸れる「執事喫茶スワロウテイル」。イギリスのクラシカルなお屋敷をイメージした空間で、執事やフットマン（使用人）たちのスマートな動きと微笑みに思わずうっとりしてしまう。「帰宅」（来店）するのは女性が多いが、男性やカップルの姿も。2006年のオープン以来、帰宅を希望する人は後を絶たず、帰宅の前には必ず連絡（予約）を入れることをお忘れなく。

魅力にハマり何度も帰宅する人（リピーター）も多く、100回以上になる人もいるという。専属のパティシエがつくるスイーツや、夜は本格的なディナーを楽しめる優雅なひととき。非日常の世界に浸ってみよう。

「お帰りなさいませ」。クラシック音楽の流れる優雅な空間

池袋

映画の中の世界に入りこんだようなひととき

レースのカーテンで仕切られている人気の1人用席

MENU

紅茶またはワイン(＋186円)と、
お食事、デザートのセット

・アンナマリア……3,564円
・レミニス……2,686円
・ダヴィンチ……2,963円

※(例)12月のメニュー。月によって変わります。

美しい調度を取りそろえたティーサロンにて、腕によりをかけたお食事と選び抜かれた紅茶をご用意しております。1日も早いお帰りをお待ちしております。

われわれ使用人がお世話いたします。

Information

- 住 東京都豊島区東池袋3-12-12 正和ビルB1F
- ☎ なし
- 営 10:30～21:20
- 休 不定休
- 席 46席
- 煙 全席禁煙
- 交 JR・地下鉄池袋駅より徒歩10分

http://www.butlers-cafe.jp
※要予約（インターネット予約可）

上／暖炉の上の装飾品は季節によって変わる。12月ならクリスマス
下／イングリッシュアフタヌーンティーセット「アンナマリア」

2名用の個室。こだわりの絵本や装飾もオススメ

幕末カフェ＆バー 誠酒屋

［ばくまつかふぇあんどばー　まことざかや］

☐ LUNCH　☑ SWEETS　☑ SOFT DRINK　☑ ALCOHOL
☑ FOOD　☐ TERRACE　☐ GALLERY　☐ ZAKKA

マニア度
★★★★★

体験
★☆☆☆☆

食事ができる
★★★★★

男装のイケメン新撰組 平成の世に決起!?

こちらの居酒屋、コンセプトを聞いて思わずニヤリとしてしまう。慶応3年、旧幕府軍の降伏により壊滅したといわれる新撰組。その遺志を受け継ぐ子孫が2011年に、乱れた世をただすため、新・新撰組を結成。資金集めと隊員の確保のために秋葉原に茶屋を開いた…というお話だ。

スタッフは新撰組に扮した〝イケメン〟の女性たち。女性はもちろん、男装の女性が好きな男性や、アニメファン、新撰組ファンも訪れる。「元々かっこよくなりたいと入って来ているスタッフ達なので、世間のイケメン男子にも負けていませんよ!!」と運営スタッフ。カッコよく、美しく、そして面白い。三拍子揃った隊士たちが、今宵、あなたの心を捉えて離さない。

和風のお座敷スタイル（掘りごたつ式）。注文する際は「頼もー！」と掛け声を

俺を養わないか

「アニメ、ゲームが趣味」という琥珀さん

MENU

- 席料（1 時間）
  …………男性 800 円／女性 500 円
- おむすび（米約 1 合使用！）
  ………………………………1,000 円
- 超！ BIG! 金魚鉢パフェ …4,500 円
- 隊士のオリジナルカクテル
  （隊士ブロマイド付）………1,200 円

最古参、クールな流し目の照井叶《きょう》さん

Information

東京都千代田区外神田 3-10-5
T&K AKIBA BLDG 5F
03-5256-7325
14：00 ～翌 5：00
（日～ 23：00）
月曜日（祝日の場合は翌日）
20 席
喫煙可
JR・地下鉄秋葉原駅より徒歩 5 分
http://www.makotozakaya.com/

上／サービスでお茶をたてることも
下／腹が減っては戦が出来ぬ！ 幕末の新撰組もうどんを食べたかも？(800 円)

スタッフはみんな気さくで、アットホームな雰囲気の店です。男女問わず新撰組や幕末の好きな方、男装の好きな方、気軽に遊びに来て下さい。

いざ、参らん！

ベビーフェイスな日向さん

ガングロカフェ

[がんぐろかふぇ]

- [ ] LUNCH
- [x] SWEETS
- [x] SOFT DRINK
- [x] ALCOHOL
- [x] FOOD
- [ ] TERRACE
- [ ] GALLERY
- [x] ZAKKA

マニア度
★★★★★

体験
★★★★★

食事ができる
★★★★★

上／「ギャルメイクパック」ではギャルメイクしてプリクラ撮影ができる
左／ガングロギャルは見た目の奇抜さが分かりやすいため、外国人観光客にも大ウケ

Information

住　東京都渋谷区宇田川町 26-9 太田ビル B1F ※「CAFE&BAR VANDALISM」内にて営業中
☎　03-6416-0304
営　[火・木～土]24：00 ～翌 5：00
休　月・水・日曜日
席　20 席
煙　喫煙可
交　JR・地下鉄渋谷駅より徒歩 3 分
http://ganguro.jp/

※取材時（2015 年 11 月）は、P116「ギャルカフェ 10sion」内で営業。2015 年 12 月より上記住所へ移転。詳細はホームページ参照、またはお問い合わせください。

ガングロボール食べてみて！

イカスミを練り込んだタコ焼き「ガングロボール」(600円)。見た目に反して(?)、とっても美味しい

日本人、外国人、老若男女、様々なお客が来店

ガングロギャルがクールジャパンを発信

90年代に「ガングロ」「ヤマンバ」と世間を賑わせたギャル文化は今、「黒ギャル」という一つのジャンルとなって継続されている。こちらのカフェで働くスタッフは、仕事のために黒ギャルを演じているのではなく、「素で黒ギャル」という〝現役〟の皆さん。自身もかつて「ギャル男」だったという経営者の浅野毅《つよし》さんは、「ギャル文化は日本独特のもの。世界に発信できる〝クールジャパン〟です」と力説する。店のスタッフも含めて全国のギャル150名とガングロギャルユニット「Black Diamond」を結成し、アメリカやフランスなどでも海外公演を果たした。

店ではギャルメイクパックなど楽しい体験もできる。プリクラを撮って友達を驚かせよう。

ギャルメイクパックを楽しむ男性客。目線を伏せて写真を撮るのは、「盛れるから」

世界中でたった1つしかないガングロギャルの専門カフェです

MENU

- 入場料（＋1オーダー）……1,500円
- ソフトドリンク……600円
- アルコール……800円
- ギャルメイクパック（入場料、1ドリンク、1フード、ギャルメイク＆プリクラ、おみやげ込）……7,000円

ギャルカフェ 10sion

［ぎゃるかふぇてんしょん］

- ☐ LUNCH
- ☐ SWEETS
- ☑ SOFT DRINK
- ☑ ALCOHOL
- ☑ FOOD
- ☐ TERRACE
- ☐ GALLERY
- ☐ ZAKKA

マニア度
★★★★★

体験
★★★★★

食事ができる
★★★★★

敬語NG! みんなトモダチ♡

渋谷の繁華街のビルの一室。ドアを開ければ、そこから先は敬語禁止だ。ギャルたちのハイテンションなノリにたじろぐ間もなく、「とりテキっしょ!?」（とりあえずテキーラでしょ?）と出されたショットグラスを手に持ち、みんなで「ちょりおつ〜☆」（カンパ〜イ!）。いつの間にか隣のお客さんとも仲良くなってる、なんてことも。

店長のふうかさんは〝ギャル論〟を熱く語る。「アムラーやガングロなど、時代によってギャルの〝形〟は変わるけど、流行を自分で選び取り、極めるのがギャル。その在り方はこれからも変わらないし、ギャル文化を求める需要は絶対ある」。アイメイク体験なども行っているので、新しい自分を見つけてみよう。

「ギャルは見た目とは裏腹に、しっかりとして博識だったりする。そのギャップがまたいい」とリピーターになる人も多い

テンションが上がるギャル用語

ギャル雑誌は自由に手に取って

入口には写真がビッシリ

MENU

・チャージ（1 時間）……… 2,000 円
（22：00 以降サービス料 10%）
・ソフトドリンク………… 800 円～
・アルコール類…………… 900 円～

Masuyama's Check!

ギャルメイクをするとなぜか力が湧いてくるのでオススメ！ギャルからパワーをもらえるお店です。

男性も女性も、観光客もリピーターさんも、上司も部下も、ここではみんなトモダチ☆

あたしたちがおもてなししま～す

Information

住 東京都渋谷区宇田川町
13-9 KN 渋谷 2 ビル 7F
☎ 03-6416-0419
営 20:00 ～翌 5:00
休 年中無休
席 15 席
煙 喫煙可
交 JR・地下鉄渋谷駅より
徒歩 5 分
http://galtpop.jp/

グループでワイワイ盛り上がれるスペースも

占いカフェ　漆

［うらないかふぇ　うるし］

- ☐ LUNCH
- ☑ SWEETS
- ☑ SOFT DRINK
- ☐ ALCOHOL
- ☑ FOOD
- ☐ TERRACE
- ☐ GALLERY
- ☑ ZAKKA

マニア度
★★★★★

体験
★★★★★

食事ができる
★★★★★

「昨日までのことより、肝心なのはこれから」

「15分3000円というお金をいただく以上、無駄なことは一切話しません。今何を悩んでいて、その悩みとどう向き合うべきなのか。わざわざ足を運んでくださったのだから、お客様には前向きになって帰っていただきたい」と話すのは、リピーター率が8割という占いカフェ「漆」の杏結末《あゆみ》さん。歯に衣着せぬ物言いの中にも温もりがあり、「率直に言ってもらえて良かった」との声も多いという。

杏結末さんは占い「紫微斗数《しびとすう》」の本場・台湾にも通いつめた。また心理学を学ぶことで人の心と向き合ってきた。「占いは迷信やまやかしではなく、統計を基に未来を読み解く予知学。未来に対する心構えができることで、安心して笑顔になってもらえれば嬉しいですね」

内装はすべて特注。夜はバーとなり、ヨコハマカクテルコンペティションで日本一に輝いた息子さんがシェーカーを振るう

自分に向き合う時間

「15分でお腹いっぱいに」が杏結未さんの信条

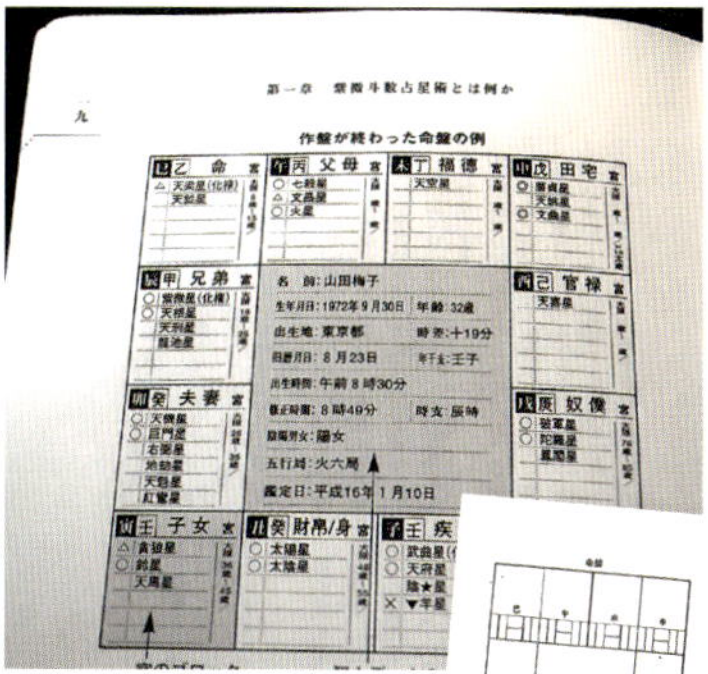

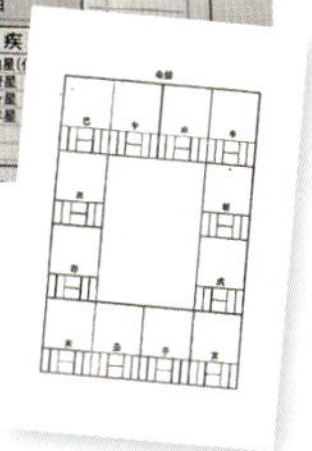

紫微斗数（別料金）に使う命盤。表を作り正確に読むには高度な知識が必要となる

手作りスイーツも抜群の美味しさ。宇治の抹茶と抹茶チーズケーキ（556円）

Information

パワーストーンを組み合わせた、開運プリザーブドフラワー

住 東京都渋谷区恵比寿西
1-12-9 内田ビル 2F
☎ 03-3797-9662
営 12：00～19：00
休 月曜日
席 13席
煙 昼 禁煙、夜 喫煙可
交 JR・地下鉄恵比寿駅より
徒歩2分
http://ayuminouranai.com

MENU

・和のアフタヌーンティセット（抹茶チーズケーキ＋抹茶プリン＋抹茶ジェラード）お飲み物付き …… 1,112円
・オーガニックハーブティ各種 …… 463円
・占い15分 …… 3,000円

残心 ZANSHIN

［ざんしん］

- [x] LUNCH
- [x] SWEETS
- [x] SOFT DRINK
- [x] ALCOHOL
- [x] FOOD
- [ ] TERRACE
- [ ] GALLERY
- [x] ZAKKA

マニア度
★★★☆☆

体験
★★☆☆☆

食事ができる
★★★★★

剣道家の間で知られるこだわりの剣道バー

「残心」とは、真剣勝負において勝敗が決したと己で判断せず、相手に敬意を払いつつも決して油断しない心のあり方をいう。そんな武道の精神が店名のこちらは、剣道愛好家のオーナーが練習や試合の後に仲間たちと語らう場としてオープン。スタッフやお客には剣道経験者が多く、愛好家の間でもメジャーな存在になりつつあるのだそう。

　店内に設置されたモニターでは、剣道の試合だけでなく、野球やサッカーの日本代表戦などを流しているため、スポーツバーとしての一面も。また、それぞれの個室のモニターに持ち込んだDVDを流して楽しむことができるので、気の合う仲間たちと好きな映像を鑑賞して楽しむことができる。

それぞれの個室には道場をイメージさせる名前が付けられている。こちらは「大師範室」

モニターを有効活用

モニターを自由に使えるのも人気の秘密

日本家屋風の入口。店全体が和の趣を感じさせる内装で統一されている

日本酒、焼酎、洋酒なども各種取り揃えている

「籠手餃子」「家紋焼き」など、料理名も武道的。写真は「残心兜焼き」

刺身の盛り合わせなど、定番メニューも充実

Information

住 東京都豊島区南池袋 2-26-10
アクティオーレ南池袋 3F
☎ 03-6907-0310
営 [平日]11：30 ～ 14：00、
17：00 ～ 24：00
[日・祝前]16：00 ～ 23：00
休 年末年始
席 100席
煙 昼 分煙、夜 喫煙可
交 JR・地下鉄池袋駅より徒歩３分
http://www.zanshin.tokyo/

MENU

・残心兜焼き …… 2,980 円
・刺身盛り合わせ …… 1,800 円

Magic Bar 銀座 十二時 本店

[まじっくばー　ぎんざじゅうにじほんてん]

- [ ] LUNCH
- [ ] SWEETS
- [x] SOFT DRINK
- [x] ALCOHOL
- [x] FOOD
- [ ] TERRACE
- [ ] GALLERY
- [ ] ZAKKA

マニア度
★★★☆☆

体験
★★★★★

食事ができる
★★★★☆

本格的なマジックを目の前で体験

２００１年にオープンした「銀座十二時」では、店内に設えられたステージでハトが飛び出す本格的なマジックショーが繰り広げられる。目の前で行われる迫力あるマジックは圧巻だ。「マジックは楽しいもの。お客様の記憶に残るような時間を過ごして頂けるよう努めています」とスタッフ。約30分のステージショーの他にマジシャンがテーブルを回ってマジックを披露してくれる。

嬉しいのが料金システム。１００種類のフリードリンクに乾き物が付いて2時間制で６０００円（混雑時は90分）。別料金を支払えばフードメニューも用意してくれる。また、19時までの入店で6品目の中華料理のサービスや、４名以上で一人５０００円の早割特典も。

マジシャン歴 14 年のサキさん。ステージライトや音楽に合わせた華麗な手捌きに見とれてしまう

銀座

カウンター席でゆったり

待ち時間はボックス席やカウンターで寛ごう

MENU

・フリードリンク2時間 ………………… 6,000円

※混雑時のみ1時間30分

※18時～19時までの入店で6品目の中華料理付

※4名以上予約で5,000円（1名）

※お誕生日サプライズマジックプランは無料特典（他サービス併用不可）

Information

住 東京都中央区銀座8-2-15 明興ビルB2F

☎ 03-3289-0120

営 18:00～翌5:00(日～24:00)

休 年末年始

席 60席

煙 分煙

交 地下鉄銀座駅より徒歩4分、JR・地下鉄新橋駅より徒歩5分

http://www.empowermagic.jp

予約制で貸切も可能。非日常を体験しに接待や女子会、カップルの利用も多い

マジシャンが各テーブルを回りながらトランプマジックを披露。非日常の世界を

オリジナルカクテル。アノ飴と同じ味!?「小梅ちゃん」とピーチオレンジ味の「紺碧《コンペキ》」

イベントはHPを要チェック！

接待で使われるお父さんが、家族へ見せたいとの声から、クリスマス、ゴールデンウィーク、お盆をメインにイベントを行っています。老若男女に愛されるお店です。

ハトとサキさんの息はぴったり。一生の思い出になるサプライズ誕生会も好評！

中目卓球ラウンジ

[なかめたっきゅうらうんじ]

- ☐ LUNCH
- ☑ SWEETS
- ☑ SOFT DRINK
- ☑ ALCOHOL
- ☑ FOOD
- ☐ TERRACE
- ☐ GALLERY
- ☐ ZAKKA

マニア度 ★★★★☆

体験 ★★★★★

食事ができる ★★★★★

9割以上が未経験者。ピンポンで心も弾む

おしゃれな町として注目される中目黒に、知る人ぞ知る隠れ家的卓球バーがある。それがここ、「中目卓球ラウンジ」。広々とした店内には卓球台が設えられ、誰でも気軽にプレイができる。「老若男女、誰もが参加できるのが卓球の魅力。お客様の95％は本格的な競技としてやってきた方ではないので、初心者の方でも大歓迎です。一台しか台を置いていないので、自然と皆で一緒に卓球を楽しんで、交流が広がっていくんです。初対面同士、初めは緊張していても、ゲームをするうちに打ち解けてしまいますよ」と店長の藤原さん。ここで知り合って友達になったという人も多く、中には交際に発展した人もいるそう。いつでも笑い声が響いているこの店、ぜひ訪れてみて。

ソファでゆったり食事を楽しみながら、プレイ観戦ができる

中目黒

絶品の料理

カフェやビストロを姉妹店に持ち、本格的な料理を味わえる

肉の旨味を引き出したシャルキュトリーとチーズの盛り合わせ

MENU

- パストラミビーフと野菜 …… 800円
- シャルキュトリーのボード …… 1,500円
- 中卓のライスカリー …… 900円

卓球グッズも販売している。もちろんラケットは持参しなくても OK

一緒に卓球談義をしましょう。

卓球は人と人の距離を縮めてくれます。スタッフの中には卓球経験者もいますので、初心者の方だけでなく、経験者の方もお待ちしております。

Information

住 東京都目黒区上目黒 1-3-13
ラインハウス中目黒 奥の階段 2F
☎ 03-5722-3080
営 [月～木] 19:00 ～翌 2:00
(金 ～翌 3:00)
[土] 18:00 ～翌 3:00
(日・祝 ～翌 1:00)
休 年末年始
席 50 席
煙 全席禁煙
交 地下鉄中目黒駅より徒歩3分、
東急線代官山駅より徒歩5分
http://tabelog.com/tokyo/A1317/A131701/13009651/

元々はアパレルの倉庫として使われていたのだそう

索引

は

バー銀座パノラマ 新宿店 …… 82
幕末カフェ ＆ バー 誠酒屋 …… 112
はんだづけカフェ………………… 90
100%ChocolateCafe.……… 76
FabCafe Tokyo ……………… 100
ふくろうの里 原宿店 ………… 40
プチ文壇バー 月に吠える …… 80
ブックカフェ二十世紀………… 56
PLANETARIUM Starry Cafe … 18
ペンギンのいる BAR ………… 36
VOWZ BAR …………………… 24

ま

Magic Bar 銀座 十二時 本店 … 122
mahika mano ………………… 14
漫画空間 高円寺店 …………… 102
ミシンカフェ＆ラウンジ nico … 16
Ms.BUNNY …………………… 34
mr.kanso 神田店……………… 72
名曲喫茶ライオン……………… 54
森の図書室…………………… 52

ら

らくごカフェ…………………… 64
relax & healthy HOGUREST … 26
LUIDA'S BAR ルイーダの酒場 … 104

© TIAT

日常に癒しと冒険を！

東京カフェ＆バー裏案内

あ

アール座読書館 …… 60
INCUBATOR …… 58
歌声喫茶　ともしび …… 62
占いカフェ　漆 …… 118
英会話喫茶ミッキーハウス …… 66
おひるねカフェ corne …… 20

か

CANAL CAFE …… 22
CAFE& 和酒「N3331」 …… 96
神々の森神社カフェ …… 106
ガングロカフェ …… 114
GUNDAM Café 秋葉原店 …… 88
ギャルカフェ 10sion …… 116
金魚坂 …… 38
KING & QUEEN …… 92
空想カフェ …… 98
ゲンロンカフェ …… 68
高円寺・尼僧バー …… 108
ことりカフェ表参道 …… 30

さ

桜丘カフェ …… 32
THE BEACH55（豊洲） …… 28
残心 ZANSHIN …… 120
私設図書館カフェ シャッツキステ …… 44
執事喫茶 Swallowtail …… 110
Thriller Night 六本木 …… 94

た

鷹匠茶屋 …… 42
CHEKCCORI …… 50
TERRA CAFE BAR …… 78

な

中目卓球ラウンジ …… 124
なんとか BAR …… 86
人形町駄菓子バー …… 74
猫居酒屋 赤茄子 …… 46
農民カフェ …… 70

「江戸楽」編集部のご紹介

遊び心と粋な美意識があふれる「江戸」の伝統と文化。『江戸楽』は、江戸にまつわる様々な特集や、松平定知氏、江戸東京博物館館長の竹内誠氏といった江戸を深く知る著名人による連載を通じて、江戸を学び、現代に活かすことができる暮らしの喜びや知恵をご紹介する文化情報誌です。

お問い合わせ先
「江戸楽」編集部
〒103-0024
東京都中央区日本橋
小舟町2-1 130ビル3F
TEL03-5614-6600
http://www.a-r-t.co.jp/edogaku

編集協力

増山かおり

1984年生まれ。フリーライター。『散歩の達人』にて『町中華探検隊がゆく！』連載。著書に『JR中央線あるある』。

「江戸楽」編集部

取材・撮影・本文
堀内貴栄　糸岡佑利子　尾花知美　宮本翼

デザイン・DTP
KAJIRUSHI

日常に癒しと冒険を！東京カフェ＆バー（裏）案内

2016年1月25日　第1版・第1刷発行

著　者　「江戸楽」編集部（「えどがく」へんしゅうぶ）
編集協力　増山　かおり（ますやま　かおり）
発行者　メイツ出版株式会社
代表者　前田信二
〒102-0093　東京都千代田区平河町一丁目1-8
TEL：03-5276-3050（編集・営業）
03-5276-3052（注文専用）
FAX：03-5276-3105
印　刷　三松堂株式会社

● 本書の一部、あるいは全部を無断でコピーすることは、法律で認められた場合を除き、著作権の侵害となりますので禁止します。
● 定価はカバーに表示してあります。
©エー・アール・ティ ,2016.ISBN978-4-7804-1693-0 C2026 Printed in Japan.
メイツ出版ホームページアドレス　http://www.mates-publishing.co.jp/
編集長：折居かおる　企画担当：折居かおる　制作担当：清岡香奈